シリーズ
キーワードで読む中国古典
❸

聖と狂

聖人・真人・狂者

志野好伸【編】＋内山直樹＋土屋昌明＋廖肇亨

法政大学出版局

聖と狂——聖人・真人・狂者　目次

総説

第一章 聖人について

総説

中国の伝統思想の特徴として、神という存在を必要としなかったことが挙げられる。中国の伝統思想において、とりわけその代表の一つである儒教において、諸価値に権威を与えるのは、神ではなく、人である聖人であった。聖人は、より高次の天の道に従うが、もの言わぬ天を代弁し、民に対して範を示す。本巻は、この聖人と、道家・道教が理想とする真人、そして常軌を逸した行動をとる狂者に関わる言説をとりあげ、その存在の様相について紹介・考察していく。この総説では、聖人観の変遷を主としながら、仙人や隠者の存在にも触れつつ、儒仏道三教にまたがる聖人・真人・狂者の関係を時代を追って概観したい。

1　孔子は聖人か

中国で聖人と言えば、真っ先に孔子の名前を思い浮かべる人が多いだろうが、孔子は聖人であるとしても、かなり特殊な聖人であった。前漢も終わりに近づく成帝《せいてい》（在位前三三年―前七年）の時、南昌《なんしょう》県尉を退任した梅福《ばいふく》（生没年不詳）は、孔子の子孫に封土を与え、孔子が聖人でありながら匹夫の祭祀しか受けていない状況を改めるよう上奏した。もちろん、孔子を聖人とみなす人は儒者を中心に大勢いただろうが、王室から公式に聖人として扱われるには至っていなかったのである。孔子を周公《しゅうこう》とともに「聖師」として各郡・県・道において祀るよう最初に通達が出されるのは、後漢の明帝《めいてい》の永平二年（五九年）のことである。

孔子はどういった点で典型的な聖人だと言えないのか。梅福の伝記をさらに繙いてみよう。梅福が孔子の子孫を封じるべきだとする根拠は二つ、一つは孔子が殷（商）王朝の正嫡ではないものの、後裔であるということ。もう一つは、孔子は「素王《そおう》」、すなわち実際には王位についていないが、王としての資格がある者、だということである（本シリーズ『人ならぬもの』一二〇頁以下に関連する記述がある）。ここにはどうにか理由をつけて孔子を王として扱いたいという姿勢がうかがえる。背景には、聖人である以上、王であるはずだという通念がある。漢代に天の理論化が進められたこととあいまって、有徳者には天命が下り、抜擢・推挙されて、王になるはずだという観念が共有されていた。当時、聖人とは何よりも政治的概念だったのである。孔子はきわめて優れた人物であるにもかかわらず、王にならなかったという点で、特殊な聖人であった。

漢代にまとめられた経書である『礼記《らいき》』礼運《れいうん》篇には、「聖人は天地に関わり、鬼神と並び立ち、政治を行う（故聖人参於天地、並於鬼神、以治政也）」とある。王として最も重要な仕事は、制度を作ることであった。夏、殷、周の三代においてそれぞれ確立された制度、とりわけ周の文王《ぶんのう》、武王《ぶおう》、そして周公の三者で築きあげられた礼制がそのモデルとされた。『礼記』楽記《がくき》篇には、次のようにある。

故知礼楽之情者能作、識礼楽之文者能述。作者之謂聖、述者之謂明。明聖者、述作之謂也。

礼楽の本質がわかれば、礼楽を制作することができ、礼楽の表現形式を理解すれば、それを伝承することができる。制作する者のことを聖と呼び、伝承する者のことを明と呼ぶ。明と聖とは、伝承・制作について言っているのだ。

礼楽を制作する者が「聖」であり、それを伝承する者は一段劣る「明」である。孔子がなそうとして果たせなかったのも、廃れた周の礼楽制度を復興することだった。『論語』八佾《はちいつ》篇には、「周は夏と殷の二代の制度を参考にしており、その文化はまことに立派である。私は周に従おう（周監於二代、郁郁乎文哉、吾従周）」という孔子の言葉を載せる。しかし実際に政権を担って礼楽の制作に携わることのなかった孔子は、聖人としての資格に欠けるところがある。『礼記』中庸《ちゅうよう》篇には、「其の位有りと雖も、苟《いやし》くも其の徳無ければ、敢えて礼楽を作らず。其の徳有りと雖も、苟くも其の位無ければ、亦た敢えて礼楽を作らず」とあり、徳と位を兼ね備えてはじめて礼楽を「作」ることができると説かれており、後漢の大儒、鄭玄《じょうげん》（一二七—二〇〇）は、「礼楽を制作する場合、必ず聖人が天子の位に即いていなければならない、という意味である（言作礼楽者、必聖人在天子之位）」と注を付している。唐の孔穎達《くようだつ》（五七四—六四八）を中心として編纂された『礼記正義《らいきせいぎ》』は、さきほどの楽記篇の一節について、「聖」の例として「堯《ぎょう》・舜《しゅん》・禹《う》・湯《とう》」を挙げ、「明」の例として、孔子の弟子である「子游《しゆう》・子夏《しか》」を挙げる。堯・舜は儒家が理想とする古代の聖王、禹は夏王朝の開祖、湯は殷の開祖である。当然、周王朝の礎を築いた文王、武王、そして周公もそこに連なるだろう。しかし『正義』は、孔子の名には言及せず、孔子を聖と明のどちらに位置づけるかは棚上げしている。孔子自身も「述べて作らず」（『論語』述而《じゅつじ》）と表明し、制作者である聖人に対して、自分を一段低い位置に置いている。こうした状況を踏まえて、なおいかにして孔子を聖人の列に加えるかが、漢代以降の儒者の思想的課題となる。かくして梅福をも含む漢代の儒者は、孔子を、事実はともかく、実質的に王の資格を持つ人物として顕彰することになる。

2 孔子を王にする

梅福があげた二つの理由をもう少し詳しくみてゆこう。まず、一つ目の理由である「孔子は聖人の後裔である」という説は、『春秋左氏伝《しゅんじゅうさしでん》』昭公七年（前五三五年）の記事に見える。それに拠れば、魯の大夫孟僖子《もうきし》は、息子たちが宋の君主の末裔で礼に詳しい孔丘《こうきゅう》（「丘」は孔子の名）に師事するよう家来に遺言した、とされている。この記事は『史記《しき》』孔子世家《こうしせいか》にも採用され、『史記集解《しきしっかい》』に引く服虔《ふくけん》（後漢末の儒者）の説では、「聖人の後裔」とは、具体的には殷の湯王の後裔だということである。宋は殷の後継国である。孟僖子は「立派な徳のある聖人が君位に即かなければ、その子孫に優れた人物が現れる（聖人有明徳者、若不当世、其後必有達人）」という言葉を引き、その人物とは孔丘だと病床から言い残すのである。『孔子家語《こうしけご》』本姓解篇《ほんせいかい》は、孔子の祖先を宋の微子啓《びしけい》に求めている。微子啓は、殷の紂王《ちゅうおう》の異母兄であり、したがって湯王の血筋をひく人物である。

二つ目の孔子が「素王」であるという説は、もはや孔子が聖王の子孫であるかどうかを問わずに、孔子がその優れた仁徳ゆえに王としての資格があり、時代に恵まれさえすれば、当然王となった人物であるという説である。この説は、孔子が『春秋』を「作」ったという説とともに登場する。儒家の経書は、孔子の時代には『詩《し》』『書《しょ》』『礼《れい》』『楽《がく》』（ただし『楽』は、はじめから書物としては存在しなかった可能性もある）、そして『易《えき》』が存在していたと推定される。これらの経書は、もちろん孔子が「作」ったものではなく、せいぜいがそれらを伝承・祖述したと言える程度である。その後に加えられた『春秋』、これが孔子が「作」った経書とされる。孔子が『春秋』を「作」ったとはどういうことか。そ『詩』『礼』『春秋』が五経として定着する。漢代には、『楽』を除いた『易』『書』れは、孔子の母国である魯国に伝わる歴史記録をもとに、孔子が一字一句に加筆削除を施し、その表現に毀誉褒貶の意を込めたということである。この作業によって、単なる一国の記録が道徳的規範を示す書となり、結果、『春秋』を「作」ることは、礼を制作することに等しくなる。礼の制作は、王のみに許された行為であり、王ならざる孔子が『春秋』を「作」ったことは、越権行為とみなされても仕方のないことであった。『春秋』制作者としての孔子像を提示し、その意義を説いたのは、『孟子《もうし》』である（『人ならぬもの』一〇九―一一〇頁を参照）。この説を受けて、前漢の儒者董仲舒《とうちゅうじょ》

（前一七六?—前一〇四?）は、「孔子は『春秋』を作成し、まず王の系譜を整理してさまざまな事績を年代に従って書き記し、素王としての文章を示した」（孔子作春秋、先正王而繋以万事、見素王之文焉）」と説く（『漢書《かんじょ》』董仲舒伝）。

この孔子「素王」説は、前漢末に流行した緯書（経書を補完する書で、多く予言的、神秘的な説を載せる）の中にも取り入れられた。たとえば、「仲尼《ちゅうじ》（孔子の字《あざな》）は素王であり、顔淵《がんえん》は司徒である」「子《し》路《ろ》は司空である」「左邱明《さきゅうめい》は素臣である」（『論語摘輔象《ろんごてきほしょう》』）と、孔子を素王とし、その弟子たちをその臣下、なかんずく『春秋左氏伝』の編者左丘明（左邱明）を「素臣」と表現する文献が残されている。また、孔子の母が夢の中で黒帝に感応して孔子を生んだので、孔子は玄聖と呼ばれる（『春《しゅん》秋《じゅう》演孔図《えんこうず》』。「玄」は「黒」に通じる）といったたぐいの神秘化も、多数行われている。

梅福の上奏に話を戻すと、一度は聞き入れられなかったものの、綏和《すいわ》元年（前八年）、再度、『左氏伝』『穀梁伝《こくりょうでん》』『世本《せいほん》』『礼記』を根拠に、孔子の子孫を殷の後裔として封じることを上奏し、裁可されている。

以上、典型的な聖人の必要条件として、王であること、あるいは王に準じる地位にあることが要請され、具体的には礼楽制度を作成すること、もしくはそれに代わるものとして道徳規範としての『春秋』を記すことが重視されていたことを見てきた。もちろん王であれば、誰でも聖人であるわけではない。王でありかつ聡明であるからこそ、礼楽制度を創設し、世の中に対して規範を示すことができるのである。西暦一〇〇年に皇帝に献上された中国最古の字書である『説文解字《せつもんかいじ》』は、「聖」という語の意味を「通」として説明する。すなわち物事に精通していることが「聖」なのである。また後漢時代に成立した『風俗通《ふうぞくつう》』には、「聖は声（聲）」であるという音（音読みではともに「セイ」）と形（ともに「耳」を含む）の共通性を利用した説明が見え、これは民の声――それは天の声でもある――を聞いて政情に通じる人物が聖人だという理解である。一九七三年に湖南《こなん》省長沙《ちょうさ》で発見された馬王堆《ばおうたい》漢墓から出土した帛書老子甲本巻後古佚書の一つである『徳聖《とくせい》』には、「聖は天の知なり。人道を知るを知と曰い、天道を知るを聖と曰う。聖は声なり」とある（斎木哲郎『五行・九主・明君・徳聖――老子甲本巻後古佚書』）。天道と聖とを結びつける思想は、同じく老子甲本巻後古佚書の一つである『五行《ごぎょう》』にも見える。これより遡る甲骨・金文の時代の「聖」字の意味については、推定の域を出ないが、やはり天（神）の声を正しく聞き取る優れた人の形容だったと思われる。白《しら》川静《かわしずか》は、「聖は祝禱して祈り、耳をすませて神の応答するところ、啓示するところを聴くことを示す字」（『新訂字統』）と解説している。そうした霊能者は、古代の祭政一致の国家において権力の中枢を占めている場合が多く、聖人はここでも政治性を帯びていた。

西ヨーロッパのように、宗教的権威（聖）と世俗的権威（王）とが分離して、両極を構成することはなく、中国においては、世俗的権威が宗教的権威を吸収することになる。そこで「聖」が帯びていた宗教性、神秘性は、そっくり王の方に引き渡され、聖それ自体は道徳的な究極性のみを含意するようになる。漢代以降、緯書が急速に廃れたのと並行して、聖人の神秘化も行われなくなり、中国における聖人概念は宗教性、超越性をますます希薄にしてゆく。もちろん聖人である以上、天地との融和性を失うことはないが、天神地祇を祀り、超越的な天の声を形式的ではあっても聴く役目を担うのは王なのである。

3　墨家の聖人観

ところで、聖人は儒家の専売特許ではない。『墨子《ぼくし》』には「聖人」や「聖王」といった語が頻繁に使われ、「昔（者）三代聖王堯舜禹湯文武」（尚賢《しょうけん》中、天志《てんし》中、明鬼《めいき》下）といった言い方がなされている。「聖人は天下を治めることを任務とする」（兼愛《けんあい》上）とあるように、墨家においても、聖人は理想的な統治を行った古《いにしえ》の王であり、聖人たちの顔ぶれは基本的には儒家と一致している。ただし、墨家は土木工事を請け負う集団でもあったために、治水工事で業績を上げた禹をとりわけ強調するという偏好は見られる。

『墨子』耕柱《こうちゅう》篇には、聖人の超越性の限界を説く興味深い対話が採録されている。弟子の巫馬子《ふばし》が先生の墨子に、「鬼神と聖人とはどちらが明察に長けていますか」とたずねたのに対し、墨子は「鬼神が聖人より明察に長けているのは、鋭敏な聴覚と視覚をもった者が、聾者や盲者に勝るのと同じようなものだ」と答える。その根拠として墨子は、夏王朝の創始者禹の息子である夏后開《かこうかい》が鼎を作る際に占いをたてたところ、その鼎が完成した上で、三国に移るというお告げがあったことを挙げる。すなわち鬼神は、この鼎が夏から殷、殷から周へと渡ることを見越していたのであり、こうした明察は決して聖人――ここで例に出されているのは夏の王である――のなしうることではない、というのである。鬼神と対比されること自体、聖人が霊能者としての性格を持っていたことを示しているが、あくまで人間である聖人のその能力は、鬼神そのものにかなうべくもない。聖人は天や鬼神の声に順って、天下を治める統治者なのである。

公孟《こうもう》篇には、病を得た墨子が、鬼神は善を行う者を賞するはずなのに、なぜ聖人である先生が病になったのか、と尋ねられる場面がある。墨子は、自分が病になるのは種々の原因があるのであって、鬼神の明察がそれで疑われるわけではないと答えている。病気にかかってしまう聖人と、決してその明察力を失うことのない鬼神との対比は、耕柱篇の例と相通じるところがある。ただここで注目すべきは、墨子が弟子から聖人と呼ばれていることである。『論語』を見るかぎり、孔子は弟子たちからどんなに水を向けられても、自分が「聖」であることを執拗に回避している。それに反し、この対話では、墨子は逡巡を示しておらず、弟子がそう呼ぶに任せている。墨子はもとより王ではなく、王たらんともしていないから、ここでの聖は、学派の主唱者を賢者の極致として尊ぶ意味での用法である。各学派の批評を展開した『荘子《そうじ》』天下《てんか》篇には、墨家は「彼らの主導者（巨子）を聖人とみなした」とある。

4　儒家の聖人観

さて、墨家が墨子を聖人視するのに対抗するかのように、孟子は孔子を聖人にしようとする。孔子の『春秋』制作説はすでに見たとおりだが、一方で孟子は、王の補佐役としての聖人にも言及し、多様な聖人像を提供したのち、孔子は諸聖人の「集大成」だと説く（『人ならぬもの』一一五頁）。

また、孟子は聖人を「人倫の極致」と定義した上で、「君主になるならば君主としての道を尽くし、臣下になるならば臣下としての道を尽くす。どちらにせよ堯や舜を見習えばよい（聖人、人倫之至也。欲為君、尽君道、欲為臣、尽臣道。二者皆法堯舜而已矣）」（『孟子』離婁《りろう》上）と説く。舜は後に堯から位を譲られて王位に即くが、ここでは堯に仕える臣下としての舜に焦点が当てられている。さらに孟子は告子《こくし》篇上の一節で、麦を例にとり、聖人が一般人と共通の類に属すことを主張している。つまり、麦の収穫に違いが出るのは、異なる条件下に置かれたからであり、類が同じであれば、それぞれの個はやはり似ていると主張し、その上で聖人とわれわれとは類を同じくしている、と説くのである。聖人も人であり、感覚的判断はもとより道徳的判断も、一般人と共通である。ただ異なるのは、聖人が誰よりも先んじてわれわれの心が同じくそうだとみなすものを感得しているということだ（聖人先得我心之所同然耳）、と説明している。

『荀子《じゅんし》』にも同じような聖人観が展開されており、性悪《せいあく》篇には「道行く一般人であっても禹になりうる（塗之人可以為禹）」とある。道行く人が学問に沈潜し、一意専心、努力を積み重ねれば、天地鬼神に通じる聖人になりうる。ただそれは可能性の上での話であり、現実に誰もが聖人になれるわけではない。すべての道を踏破することができないように、一般の人は、そうした努力を長年に渡って継続することが事実上できないからだ。荀子はこのように説いている。人が学んで聖人に至るというテーマは宋学において展開されるが、その萌芽は以上のように、先秦の儒教文献にも備わっている。ところで、王ならざる聖人像をつむぎ出した結果として、孟子自身も弟子たちから「聖」ではないかと問われているが、孟子は、孔子が「聖」を名乗らなかったことを引き合いに出し、自分のことを話題にするのをやめさせている（『孟子』公孫丑《こうそんちゅう》上）。聖人とは、一般論として目指すべき存在であっても、自分がそれを引き受けてよい呼称ではなかったのである。

荀子を顕彰するために後継者が著した『荀子』堯問《ぎょうもん》篇末尾の一節では、荀子が孔子に及ばないというのは誤りだとし、荀子は帝王にもなりうる聖人であったとされる。しかしながら、荀子が生まれたのは乱世であったため、聖人の心を持ちながらそれを発揮せず、「狂人をよそおい（佯狂《ようきょう》）」、天下の人々から愚者だと思われるようにした、と記されている。荀子は聖でありながら、明哲保身のために、狂をよそおった、というのが弟子たちの理解である。同じような境遇に陥った人物として、比干《ひかん》、孔子、接輿《せつよ》、箕子《きし》が挙げられる。比干と箕子は、微子（啓）とともに、孔子から「殷の三仁」と讃えられる人物である（『論語』微子）。微子（啓）は、先述のとおり、孔子の祖先ともされる人物である。『史記』殷本紀に拠れば、殷の紂王の無道ぶりに、比干が諫言したところ、紂王は怒って「聖人の心臓には七つの穴があると聞いている」と言って、比干を切り殺してその心臓を取り出して見た。箕子は「詳狂（佯狂に同じ）」して紂王の手から逃れようとした。接輿については後述する。彼らと孔子、そして荀子は、聖人の資質を備えながら、「時に遇わず」、その資質を十分に発揮できなかった人物として結びつけられる。孟子は孔子を「聖の時なる者」と定義したが（本シリーズ『コスモロギア』一五一頁）、ふさわしい時にめぐりあわなかったからこそ、どんな時にも柔軟に対応するという「時」という資質が脚光を浴びることになったのである。それは天から与えられた客観的な境遇としての時を、自己の主体的な処世法という意味での「時」、すなわち時宜にかなった行動ができるという意味での「時」によって捉えかえすことであったとも言えよう。

『周易《しゅうえき》』乾卦文言伝《けんかぶんげんでん》には次のようにある。

夫大人者、与天地合其徳、与日月合其明、与四時合其序、与鬼神合其吉凶。先天而天弗違、後天而奉天時。天且弗違、而況於人乎、況於鬼神乎。

亢之為言也、知進而不知退、知存而不知亡、知得而不知喪。其唯聖人乎、知進退存亡、而不失其正者、其唯聖人乎。

〔九五の爻に「飛龍在天、利見大人」とある〕大人《たいじん》は天地とその徳行を合わせ、日月とその明るさを合わせ、季節とその秩序を合わせ、鬼神とその吉凶を合わせる。天に先んじて行動した場合は、天はそれと食い違うことなく、天から遅れて行動した場合には、天の時運を尊重する。天すら大人と食い違わないのだから、まして大人が人と食い違うことなく、鬼神と食い違うこともない。

〔上九の爻に「亢龍、有悔」とある〕「亢」の意味は、進むことだけを知って退くことを知らず、残すことだけを知ってなくすことを知らず、獲得することだけを知って喪失することを知らない、ということである。ああ、それは聖人だけであろう、進むことも退くことも残すこともなくすこともわかっていて、しかもその行動がつねに正しい時宜をわきまえているのは。それは聖人だけであろう。

「大人」とは「聖人」の別称だとされる。時宜をわきまえた聖人は、天地万物と歩調を合わせる人間として説明されている。

『孟子』による孔子の聖人化に話を戻すと、周期的な必然性において孔子を聖人の系譜に位置づけようとする一節がある。さきほど『荀子』の末尾の文章を取り上げたが、ここに引くのも『孟子』の最後の部分である。

孟子曰、由堯舜至於湯、五百有餘歳。若禹皐陶、則見而知之、若湯、則聞而知之。由湯至於文王、五百有餘歳。若伊尹萊朱、則見而知之、若文王、則聞而知之。由文王至於孔子、五百有餘歳。若太公望散宜生、則見而知之。若孔子、則聞而知之。由孔子而来至於今、百有餘歳。去聖人之世、若此其未遠也。近聖人之居、若此其甚也。然而無有乎爾、則亦無有乎爾。

孟子のことば。堯・舜から湯まで、五百年あまりである。禹や皐陶《こうよう》などは直接それを見て知り、湯はそれを伝え聞いて知ったのである。湯から文王まで、五百年あまりである。伊尹《いいん》や萊朱《らいしゅ》などは直接それを見て知り、文王はそれを伝え聞いて知ったのである。文王から孔子まで、五百年あまりである。太公望や散宜生《さんぎせい》などは直接それを見て知り、孔子はそれを伝え聞いて知ったのである。孔子から今まで百年あまり、われわれは聖人の時代から、それほど遠く隔たっているわけではない。また聖人の住んでいた場所からは、きわめて近い場所にいる〔孔子の故郷の魯《ろ》の曲阜《きょくふ》と孟子の故郷の鄒《すう》は比較的近い〕。それなのに今、孔子のあり方を保つことがなければ、今後〔伝え聞いて〕保つことがありえようか。

（『孟子』尽心下）

堯・舜、殷の湯王、周の文王までの間隔がそれぞれ五百年あまり、そして文王から孔子までも五百年あまりと、孔子は古代の聖王と同じ扱いであり、「聖人」という言葉は孔子を指している。その聖人の道を自分たちが伝えるのだという自負で、この書物は結ばれている。孔子による『春秋』制作を範と仰ぐ『史記』にも、五百年ごとに聖人が現れるという説が、司馬遷《しばせん》の父司馬談《しばたん》の言葉として引かれている（太史公自序）。こうした聖人の系譜は、韓愈《かんゆ》（七六八―八二四）の「原道」を経て、道学（朱子学）の道統説にまでつながっている。韓愈は、道を堯が舜に伝え、舜が禹に伝え、禹が湯に伝え、湯が文武周公に伝え、文武周公が孔子に伝え、孔子が孟軻《もうか》（孟子）に伝え、孟軻以降、これを伝えるものがいないと慨嘆する。それは自分がこの道を引き継ぐのだという意識の裏返しである。朱熹《しゅき》（一一三〇―一二〇〇）は、「中庸章句序」で、「天下の大聖」たる堯・舜・禹以降、聖人から聖人へと道が継承され、位には即かなかったが堯・舜にも勝る功績をあげた孔子を経て曾《そう》氏《し》、子思《しし》、孟子、そして宋代の程氏に至る道統を描いている。これは「微」妙なる「道心」を「微言（精妙繊細なことば）」で伝えてきた系譜として理解される。こうした一連の系譜の作成は、超越的な性格を持つ聖人が現実に出現したことを、想像的な歴史性によって担保し、その歴史の末端に自らを位置づけることで、自説に正統性を賦与しようとするものであった。

ちなみに、右にとりあげた『孟子』の末尾の直前の一段は、「狂獧（狂狷）」や「郷原」についての考察で、『荀子』堯問篇の末尾にやはり狂者が登場していたのと軌を一にする。

5　道家の聖人観

儒墨以外では、老荘思想においても、「聖人」という語がよく使われる。『老子』は、固有名詞の一度も登場しない書物であるが、その理想とする人物像を「聖人」と表現しており、その他の言い方は登場しない。これは『荘子』が「聖人」を多くは肯定的に使いつつも、時に「真人」「至人」「神人」などをより高次の存在として持ち出すのと顕著な対比をなす。「至人」や「神人」は、政治的権力を超脱した人物として描かれており、『荘子』の編者は「聖人」が持つ政治的含意を嫌ったのではないかと考えられる。逆に言えば、『老子』は世俗の聖王を想定して「無為の統治」を説いた書物であったことが、「聖人」という語の愛用からうかがえるのである。「聖人は言う、我が無為であれば民はおのずと教化され、我が静を好めば民はおのずと正しくなり、我が何も事業を起こさなければ民はおのずと富み、我が無欲であれば民はおのずと純朴である（故聖人云、我無為而民自化、我好静而民自正、我無事而民自富、我無欲而民自朴）」（第五十七章）などは、その一例である。「絶聖棄智」

を勧める第十九章のように、「聖」を単独で用いて「智」と結びつける例は別として、「聖人」という熟語が用いられる場合、『老子』では必ず肯定的な意味で使われている。

『荘子』駢拇《べんぼ》篇は、舜が仁義によって天下をゆがめたと説き、小人も、士大夫も、聖人も、外物によって自分の本性を損なっている点では同じだと主張する。聖人が天下のために身を犠牲にするのは誤りだとされるのである。胠篋《きょきょう》篇では、聖人は「天下を利すること少なく、天下を害することの方が多い」と批判される。しかし、『荘子』が批判するのは天下に積極的に関わろうとする儒教型の聖人であり、自己の本質を保つ聖人はむしろ積極的に肯定されている。肯定されているのは、名誉・名声と無縁（「無名」）の聖人（逍遥遊篇）であり、愚鈍（「愚芚」）に徹した聖人（斉物論《せいぶつろん》篇）である。その姿は、天下の人々から愚者に見られる佯狂者と選ぶところはない。また「世の中が道を失い、道が世の中を失っている」状況、言い換えれば、「時命が大いに謬《もと》っている」状況では、「聖人は山林の中に暮らしていなくても、その徳は包み隠されている（雖聖人不在山林之中、其徳隠矣）」のであり、その点では「古にそう呼ばれていた隠士」に等しい（繕性《ぜんせい》篇）。

また、『荘子』は、必ずしも聖人が王であることを否定していない。内容からしておそらくは漢代に成立したとおぼしき天道《てんどう》篇には、次のようにある。

> まこと、虚しくして静か、恬《やす》らかで淡《あわ》く、寂《さび》しくて漠《ひろ》く、作為を行わないというのは、万物の根本なのである。この境地に精通することによって天下に君臨したのが、偉大な帝王たる堯であり、これに精通することによって帝王を補佐したのが、偉大な臣下たる舜である。

これを身に守って上位にいるならば、それが帝王や天子の徳となり、これを身に守って野《や》に下るならば、それが玄聖や素王の道となる。

（原文は本書第二章一五三頁参照）

堯と舜を君と臣に振り分けた『孟子』の記述に類似するこの一節は、王位に即いていない聖人を「玄聖・素王」と呼称している。聖人の資質と王という地位、この二つの要素の協働性を端的に表現する語が、雑篇の天下篇に見える「内聖外王」という言葉である。すなわち「天下が大いに乱れ、賢人や聖人も現れず、道や徳はばらばらになり」、「内聖外王の道」が見失われてしまったというのである。「内聖外王」という表現は儒家側に採用され、現代においてもいわゆる新儒家の目指す理想を示す語として頻繁に使用される。もちろん現代新儒家の標語としての「外王」は、王制、君主制を要請するものではなく、民主と科学を通じて、経世済民を行うことを意味する。新儒家の議論の焦点の一つが、こうした意味での「外王」と、「内聖」すなわち内面的道徳性との関係をどうとらえるかということであった。

6　聖人に準ずる隠者と狂者

中国の聖人は、王として新たな秩序をもたらそうとするものの、その志が果たされるかどうかは、時の運による。時を得なかった孔子は、逆に「聖の時なる者」と評せられ、不遇の時であっても柔軟に対応できたことを賞賛されていた。いかに聖人であれども、時の流れを切断し、新たな時を創出するような超越的な力は与えられていない。聖人は終末の時に人々を救済するメシアではなく、あくまで天に則り、時に従属・随順しながら世を渡る存在なのである。聖人に列せられる人物も、やむを得ない場合は、狂者のふりをしたり、隠者として暮らしたりして、乱れた世に背を向けた。『論語』季氏《きし》篇には「隠居して以てその志を求める」とあり、志を守り続けるかぎり隠棲も肯定されている。『墨子』耕柱篇には、献策を用いられず君主から「狂」とみなされているのではないかと心配する弟子に対し、墨子が答える場面が描かれている。墨子は言う。周公も不遇の折には「狂」と呼ばれたが、後にその徳を称えられた。「国を去っても、もしそれが道に適っているなら、狂という烙印を押されたとしても心を痛める必要はない（去之苟道、受狂何傷）」。ここでは、聖人が狂とされる場合もあることが確認されている。『楚辞《そじ》』漁父《ぎょほ》篇では、漁父が屈原《くつげん》に向かって、「聖人は物事にこだわらず、世の中とともに推移する（聖人不凝滞於物而能与世推移）」と語って、濁った世の中に適応することを勧めており、前漢末の揚雄《ようゆう》（前五三―一八）の著した『法言《ほうげん》』では、「聖人としての言葉や行動が、その時代に適合しなければ、聖人も隠遁する（聖言聖行、不逢其時、聖人隠也）」（淵騫《えんけん》篇）と言われる。後者において昔の理想的な隠者として挙げられているのが、佯狂の箕子と狂者の接輿である。聖、隠、狂の三つの類型が時として重なることが見て取れよう。

　梅福の伝記は、『漢書』において、楊王孫《ようおうそん》、胡建《こけん》、朱雲《しゅうん》、云敞《うんしょう》と合わせて一巻を構成しているが、この巻でとりあげられているのは、いずれも独自の主張を貫き通そうとした人物たちである。巻末の賛で、班固《はんご》は彼らを評するために、孔子の言葉を引用する。

賛曰、昔仲尼称、不得中行、則思狂狷。

賛。その昔、仲尼は、中庸に振る舞う人物を見いだせなければ、狂や狷の人を次に考える、とおっしゃった。

これは『論語』子路篇の次の一節を踏まえたものである。

子曰、不得中行而与之、必也狂狷乎。狂者進取、狷者有所不為也。

先生のことば。中庸に振る舞う人物を見いだして行動をともにすることができなければ、次には狂者か狷者がよい。狂者はつねに積極的であり、狷者は頑なに為さないことがある。

「狂」という言葉は、古来より、現代と同じく「正気を失った」という否定的な意味で用いられる。『後漢書』巻四十六陳忠《ちんちゅう》伝に、「気が触れて人を殺した者は、死罪を減じて求刑することができるようにした（狂易殺人、得減重論）」とあるのは、その用例である。『論語』は現在に伝わる文献のうち、はじめて「仁」という言葉を重要な概念として用いた書物であるが、「狂」という言葉についても、注目すべき内容を伝えている。白川静は、「先秦の思想家のなかで、狂について発言した最初の人は孔子であった」（「狂字論」）と述べている。明末の文人、袁宏道《えんこうどう》（一五六八―一六一〇）も夙に、「世に孔子無ければ、天下誰か復《ま》た狂を思わん」（「疏策論《そさくろん》」第五問）と、孔子が狂という価値を見出したことを指摘している。陽貨《ようか》篇に「昔の狂はのびやかなものだったが、今の狂は羽目を外している（古之狂也肆、今之狂也蕩）」とあるが、愚かな人が愚直という美質を持っているように、昔の狂を基本的には否定的に扱いつつも、そこに「のびやか」という美質を認めている。この子路篇の引用は、その美質だけを取り出したかのようである。さらに、公冶長《こうやちょう》篇には、

子在陳曰、帰与、帰与、吾党之小子狂簡、斐然成章、不知所以裁之。

という一文が見える。何晏《かあん》（？―二六四）の注釈に引く孔安国の説に従えば、「孔子が陳におられた時のことば。帰ろう、帰ろう。わが若者たちは一本気で、さかんに飾りたてた議論をしていて、それをどのように断ち切ればよいかわからないでいるのだから」という意味になり、陳の国に見切りをつけて、一本気（狂簡）で収拾のつかない（不知所以裁之）魯国の弟子たちへの慈愛を含んだ発言として理解される。ただし、鄭玄の説に従えば、この条は句読の切り方からして変わってくる。また、鄭玄の依拠したテキストでは、「不知」の前に「吾」の字がある。

子在陳曰、帰与、帰与、吾党之小子。狂簡斐然成章、吾不知所以裁之。

孔子が陳におられた時のことば。帰ろう、帰ろう。わが若者たちよ。今、陳の人々はでたらめで、さかんに飾りたてた議論をしていて、私はそれをどのように断ち切ればよいかわからない。

鄭玄説に拠れば、「狂簡」である陳の人々を見捨てた内容になる。橋本秀美《はしもとひでみ》は両説を比較し、冒頭に「子在陳」がわざわざ記されていること、「不知」の前に「吾」のあるテキストが文献学的により古い形と思われることなどから判断して、「鄭玄の説に妥当性がある」(『論語』——心の鏡』、一三〇頁)と断じている。

この公冶長の一条に関して、何晏注の解釈を導いたのは『孟子』である。先に触れた『孟子』全体の最後から二つ目の段において、子路篇の一節と公冶長篇の一節とがあわせて議論されており、そこで孟子は、弟子の万章の問いに答えるかたちで、狂についての持論を展開している。孟子は、まず孔子の想定する狂として、琴張《きんちょう》・曾皙《そうせき》・牧皮《ぼくひ》といった弟子たちの名を挙げたのち、狂者について、「彼らの志しは高大で、いつも「昔の人は、昔の人は」と口癖にしている。彼らの行いを冷静に考えると、自分の発言に応じきれていない」と評価する。「昔の人」とは、いにしえの聖人、あるいはその聖人のもとで正しい生を営む良民を指す。狂者はいにしえの聖人に思いを寄せるが、その思いに正しい行動が伴わず、当時の人々からすれば正気ではないように見えるのである。孔子はうわべ上の善を取り繕う「郷原」を「徳の賊」と罵っているが(『論語』陽貨)、孟子はそれを狂者との比較において、「世俗に同調し、濁世に迎合する」者と批判している（本書第三章二二三頁参照）。『論語』子路篇の「狂者進取」に対する鄭玄の注、「狂者はつねに積極的で、古の法制度を尊重し模範とし、世情をかえりみない（狂者進取、仰法古例、不顧時俗）」（『詩経』鄘風《ようふう》「載馳《さいち》」、孔穎達正義引）を参照すれば、狂者と郷原との対比は一層明確になろう。

「いかなる時も中庸を得ている（時中）」君子（『礼記』中庸）と郷原は一見似ている。聖人・君子は、どんな時にも、どんな世の中であれ、適宜に行動し、中庸を得ることができる。郷原も、どんな時であれ、世の中に媚び、時につきしたがって、へつらって行動する。その両者の行為がほとんど同じに見えてしまう、ということである。逆に狂者は「進取」に富み、古に対する熱い思いをすぐさま近い未来に実現したいという理想を抱くあまり、時流に逆らい、時俗から疎んぜられる存在である。彼らは現実を批判し、時間を巻き戻そうとしているのである。聖人・君子はその「思い（志）」を共有している。ただ彼らは、理想に向かってがむしゃらに突き進むのではなく、この狂者の立場を踏まえながら、もう一度今現在に立ち戻って、みずからの行動を選択する。言い換えれば、聖人は一旦現在から離脱し、距離をとった上で、あらためて現在と切り結ぶ、それが「聖の時なる者」としての聖人である。

現在と密接に関わる点で、君子、およびその究極のあり方としての聖人は、表面的には郷原に類似し、一旦現在と距離をとるという点で狂者と軌を一にしている。したがって聖人が時にかなうと言われるとき、その「時」は、単なる現在、現実の世界ではなく、今ここの現実世界のただ中で個人ないし社会がとるべき正しい方向を示すものであり、孔子は「時俗」に棹さしつつ「時宜」を得た行動を選択できる人物として理解される。世が世なら孔子は王になったであろうし、現実にはそういう時勢に巡り合わなかったため、一介の教育者として身を終えたのである。

7　聖人を批判する狂者

ところで、孔子の選択する行動は、誰からもその正しさを認められるものなのだろうか。聖人が王として推戴されるという理想的な時代はとうに過ぎ去っている状況下で、孔子の説は諸侯に受け入れられない。それは受け入れない諸侯が間違っているのか、それとも孔子の説く教えが適切でないのか。孔子が自説を受け入れてもらおうと諸国を歴訪する、その努力はそもそも適切な行為なのか。こうした問いは、狂者の存在を通して、『論語』それ自体の中に示されている。先に触れた楚の狂者である接輿の登場である。

楚狂接輿歌而過孔子、曰、鳳兮鳳兮、何徳之衰。往者不可諫、来者猶可追。已而已而、今之従政者殆而。孔子下、欲与之言。趨而辟之、不得与之言。

楚の狂者である接輿が歌いながら孔子のもとを通りかかった。「鳳凰よ、鳳凰、なんと徳の衰えてしまったことか。過ぎ去ったことはいまさら諫めても間にあわないが、これから先のことならまだ間にあうはずだ。やめろ、やめろ、今、政治に関わろうとしても危ういだけだ」。孔子は車から降りて彼と話をしようとした。接輿は小走りに逃げ、一緒に話をすることはできなかった。

（『論語』微子）

本シリーズ『人ならぬもの』にも引かれているとおり（一一七頁）、この話柄は、『荘子』人間世《じんかんせい》にも採られている。どちらの文献に依拠するにせよ、少なくとも接輿から見て、孔子は時をわきまえない人物である、ということは動かない。つまり、孔子と接輿、聖人と狂者の間で、どちらが時を得た振る舞いをしているかが議論の対象となっているのである。聖人の説く「時を得た行為」の客観的な基準がないために、聖人の言動を盲信するのでないかぎり、こうした争いは論理的必然として起こってくる。

『論語』微子篇には、狂接輿の条に続いて、長沮《ちょうそ》・桀溺《けつでき》が孔子の仕官を批判し、弟子の子路に対して自分たちのような「世を避ける」人士に従うよう勧める一節がつづく。それを聞いた孔子は、「鳥や獣と混じり合うことはできない。私はこの人間たちと関わる以外に、誰と関わるものか。天下に道が行われていれば、私も改革に関わろうなどとしないのだが（鳥獣不可与同群、吾非斯人之徒与而誰与。天下有道、丘不与易也）」と自分の思いを吐露する。しかしその言葉は、隠者である長沮・桀溺には届かない。この場合、聖人孔子と隠者長沮・桀溺とは、どちらが時宜にかなった行為をしていると言えるのだろうか。『荘子』の立場なら、当然孔子ではなく、隠者の方が実は聖人だったということになるだろう。雑篇の盗跖《とうせき》篇には、孔子が盗賊の頭である跖を説得しようとして、かえって論破され逃げ帰るという作り話を載せている。そこで盗跖は、孔子に向かって「お前は自分を才子聖人と思っているのか」と問い詰め、「お前の説く道は、しっちゃかめっちゃかで、ごまかしの偽りだ。それで真のあり方を全うできるものではない（子之道、狂狂伋伋、詐巧虚偽事也。非可以全真也）」と、「狂」の文字を用いて非難している。もちろん儒家側から道家を非難し返すこともある。やや後の例になるが、『隋書《ずいしょ》』経籍志《けいせきし》道家の目では、道家の説く道が儒家の六経の内容と矛盾しないことを確認した上で、「黄帝《こうてい》以下」の「聖哲の士」がその道を伝え、漢代以降広まったものの、下流の士は「根本に思いを寄せることなく、ただ世俗と異なっていることを高雅だと考え、狂狷なる振る舞いを高尚なものだとみなした。これらはでたらめで奇怪な言動であり、真のあり方を失っている（不推其本、苟以異俗為高、狂狷為尚、迂誕譎怪而失其真）」と述べられている。

8　隠棲と登仙

中国の士大夫は聖人を目指す生き方と、それを放棄する隠者の生き方との間で、自らの身の処し方を模索した。『孟子』に、「行き詰まれば独りで我が身を善くすることにつとめ、栄達すれば広く天下を善くしようとする（窮則独善其身、達則兼善天下）」（尽心篇上）という言葉があり、「独善」は本来自己修養を意味しているが、後に隠棲を肯定するものとして受け止められた。例えば唐の詩人白《はく》居易《きょい》（七七二―八四六）は、「与元九書」の中で、「古人云」として『孟子』のこの言葉を引き――ただし「兼善」が「兼済」に置き換わっている――、自分の「諷諭詩」は「兼済」の志を抱いて作ったものであり、「閑適詩」は「独善」の意味を込めて作ったものだと解説している。また同じく白居易の「中隠」と題する詩では、朝廷や市場で隠者の立場を貫く大隠でも、丘陵に侘び住まう小隠でもなく、閑職に就いて気楽に過ごす現在の中隠こそが最も安らぎが得られるものであり、その立場は、窮、通、豊、約の四者の間にあると詠われている。「窮」は独善を余儀なくされる疎外された状況、「通」は兼済を発揮できる栄達した地位、「豊」は羽振りのよいこと、「約」はつましいことを意味する。こうした「中隠」への志向は、聖人や典型的な隠者の生き方を無理に模索せず、与えられた環境に自足して安心を見出そうとする姿勢であった。

隠棲とは、本来、節義を守るため、あるいは自分の生命を守るため、朝廷から身を避けることであり、必ずしも世間全般に背を向けることではなかった。白居易の言う「大隠」は、より限定的には「朝隠」（朝廷に居ながら隠者のように身を処すこと）と呼ばれるが、あえて朝廷内に身を置き、権力にまつわる危険から巧みに身をかわすことが朝隠の目的である。隠棲が世間そのものを否定していないからこそ、こうした立場が認められるのである。

世間それ自体から身を引き、そこから離脱することは、仏教ならば出家し解脱を目指すことになるだろうが、道教や仏教流入以前の中国の伝統においては、登仙や遷化、すなわち仙人になることとして理解されてきた。いま一度梅福の伝記に戻ると、王莽《おうもう》の専政に嫌気がさした梅福は、妻子を捨てて九江《きゅうこう》に去り、「仙」になったと伝えられる。この場合、山野に隠れ住むことと仙人になることとは紙一重である。後世、梅福は「仙尉」とあだ名され、唐詩にもしばしば登場し、地方に赴任する友人との別れを惜しむ詩でよく使われた。孟浩然《もうこうねん》（六八九—七四〇）の「送王七尉松滋」の末尾に、「君の此《ここ》を去りて仙尉と為り、便《すなわ》ち行雲を逐《お》い去りて廻《かえ》らざるを愁う（愁君此去為仙尉、便逐行雲去不廻）」とあるのがその一例である。神仙を目指すことと隠棲をきめこむことが連続的にとらえられているからこその表現である。

中国の仙人には、現実世界から超脱する側面とともに、現実世界と連続する側面がある。『漢書』藝文志方技略《げいもんしほうぎりゃく》は「神僊（神仙）」を定義して次のように言う。

神僊者、所以保性命之真、而游求於其外者也。聊以盪意平心、同死生之域、而無怵惕於胸中。

神仙とは、性命の真を保全するための方法であり、それをこの世界の外に出て求めることである。神仙は、思いを洗い清めて気持ちを平らかにすることで、死の領域も生の領域も等しいものと考え、胸中に憂患が生じなくなる。

「外」への志向は、この現実世界との断絶を意味するが、外に向かうのは、現実の生を無価値とするためではなく、むしろその生を延長・拡大して死を乗り越えようとするためである。『漢書』藝文志方技略には、「医経」「経方」「房中」「神僊」の四つの項目が立てられているが、「方技とは、いずれも生を持続させる技法である（方技者、皆生生之具）」とまとめられている。「生生」とは、『周易』繋辞上伝に「生生これを易と謂う（生生之謂易）」と言われるように、途絶えることなく生成変化する働きを言う。「死生を同じくする」といっても、その内実は生の延長として死をとらえることであって、その逆ではない。神仙になることの第一義は、長生不死を目指すことであった。

神仙に関する教説は戦国時代から存在し、燕国や斉国の「海上の方士」たちが盛んに活動したと言われるが（『史記』封禅書）、彼らの説を受け入れ、国家事業として神仙を招請し、みずから不老不死たらんとして巨額をつぎこんだのは秦の始皇帝《しこうてい》であった。詳細は第二章に譲るが、以下、『史記』秦始皇本紀に従って述べると、始皇帝は即位して二十六年目（前二二一年）に天下を統一した後、諸国を歴遊して名山に自らの功績を称える碑を立てさせる。始皇二十九年に之罘山《しふざん》に刻させた碑文では、「大聖治を作《な》し、法度を建定し、綱紀を顕箸ならしむ」と、自らを「大聖」と呼称させ、さらに「宇縣の中、聖意に承順す」と結んで、国中の人々が聖である自らの考えに恭順していることを誇示している。儒家側にしてみれば、「王道を廃し、私権を立てた」（『史記』秦始皇本紀引、賈誼《かぎ》「過秦論」）暴虐なる人物なのだろうが、天下を統一して新たな制度を構築した始皇帝は、聖と自称するに足る業績を成し遂げたことに間違いはない。しかし始皇帝はそれに満足せず、仙薬を入手して不老不死となることを望んだ。皇帝の自称として先に定めた「朕」をやめ、「真人」を慕うあまり、「真人」と自称することにしたのは、その表れである。すなわち聖人であることに飽き足らず、聖人を超えた真人を目指したのである。『荘子』には「生を喜ぶことを知らず、死を憎むことを知らない（不知説生、不知悪死）」（大宗師《だいそうし》篇）のが「古の真人」だとあるが、始皇帝の真人希求は、生を喜び、死を憎むことに由来していた。漢の武帝《ぶてい》（在位前一四一―前八七）が、始皇帝と同じ轍を踏んだことはよく知られるとおりであり、「不死の薬」や「仙人」の話題が、『史記』武帝本紀のかなりの部分を占めている。「服薬」が無益どころか有害であったことは、「古詩十九首」其十三に、「薬を服し神仙にならんとするも甲斐なくて　むしろしばしば薬にて命を削るが関の山（服食求神仙、多為薬所誤）」に早くも指摘されている。けれども神仙にあこがれを抱く皇帝は、漢代以降も後を絶たなかった。それが最もはなはだしかったのが唐代で、多くの皇帝が仙薬の材料として用いられた水銀を服用し、その中毒で命を落とした。後世、趙翼《ちょうよく》（一七二七―一八一四）が唐の諸皇帝の丹薬嗜好を評して、「生を貪る心が強すぎるために、かえってその死を早めてしまった（貪生之心太甚、而転以速其死）」（『廿二史箚記《にじゅうにしさつき》』唐諸帝多餌丹薬）と述べるように、歴代の皇帝は、しばしば生への執着から生の延長、永続を願ったのである。精錬した物質（丹）を体内に取り込むことで登仙する方法は外丹と呼ばれるが、唐代に薬害が広く認識されるようになると、丹を瞑想などの身体実践によって思弁的に作り出すことで登仙することを目指す内丹の方法が流行するようになった。外丹にせよ、内丹にせよ、永遠の生命を獲得するために、世界の気の流れを取り込み、自分の身体の気と調和させ、原初の気に還元することを目標とした。

9　玄学の聖人観

さて漢代の世界観に話を戻すと、聖人は天地と調和し、王の位を得て、天と地と並んで三極の一を構成する存在であった。しかしそれはあくまで人間世界の代表として、天と関わるのである。そのような聖人を、政治的でも、神秘的でもなく、いわば形而上的に理解しようとする動きが、後漢末から活性化する。老荘思想と儒教とを融合した玄学の登場である。そこでは、儒家的な聖人と道家的な聖人をどう整合的に理解するか、孔子と老子という二人の「聖人」をどのように位置づけるかといった問題が議論された。数え年二十四歳の若さで亡くなりながら、『周易注』と『老子注』という二つの重要な著作を残した王弼《おうひつ》（二二六—二四九）は、何晏の議論を受けて、聖人も喜怒哀楽を表すが、それにとらわれることがないという点で、無に通じていると説く。『三国志《さんごくし》』鍾会《しょうかい》伝の注に引かれる「王弼別伝」は、彼の議論を次のようにまとめている。

何晏以為聖人無喜怒哀楽、其論甚精、鍾会等述之。弼与不同、以為聖人茂於人者神明也、同於人者五情也。神明茂、故能体沖和以通無、五情同、故不能無哀楽以応物、然則聖人之情、応物而無累於物者也。今以其無累、便謂不復応物、失之多矣。

何晏は聖人には喜怒哀楽はないと考え、その議論はきわめて精密であり、鍾会らがそれを敷衍した。ところが弼はそれに同意せず、聖人が人よりすぐれているのは精神のはたらきであり、人と共通するのは様々な感情である、と考えた。精神が人並みすぐれているからこそ、中和の気を体現し、無に通達することができるのであり、様々な感情を人と同じくするからこそ、必ず哀楽の感情をもって人々に応えるのである。以上のことから、聖人の感情は、人々に応えながら人々に拘束されないのである。人々に拘束されないことから、ただちに人々に応えないと考えてしまうと、大いに聖人を見誤ってしまう。

こうした理解の上に、王弼は孔子を老荘の上に位置づけた。

弼曰、聖人体無、無又不可以訓、故言必及有。老荘未免於有、恒訓其所不足。

王弼のことば。聖人は無を体得しているが、無はまた説明することのできないものである。したがってその発言はいつでも有についてなされる。老荘はいまだ有から逃れていないからこそ、つねに自分たちに足りないものを説明しようとしているのだ。（『世説新語《せせつしんご》』文学）

儒家の言う聖人が、礼楽を制定し、世界に秩序を与える者だとして、王弼は、聖人が世界に秩序をもたらすことができる根拠を、無に求めたのである。無は何もないことではなく、未分化であることを意味する。それは現実に生きる人々から意味を奪い、不安をもたらすものとは考えられず、逆に、「分」以前の根源であって現実世界に「分」をもたらすもの、秩序の枠外にあって秩序を根拠づけるものとして理解された。

孔子と老子を同列に扱う議論もある。唐代の陸希声《りくきせい》が著した『老子』の注釈書である『道徳真経伝《どうとくしんけいでん》』の序は冒頭、「大いなる道が隠れ、世の中の教えが力を失い、天下が大いに乱れようとする。そのような時にあたって、天は必ず聖人を生んだ（大道隠、世教衰、天下方大乱。当是時、天必生聖人）」という書き出しではじまり、「仲尼は（夏・殷・周）三代の文化を明らかにして、衰えた世を助け起こし、老氏は（伏羲《ふっき》・神農《しんのう》・黄帝）三皇の本質に依拠して、乱れた世を救ったが、彼らのなしたことは一つなのである（仲尼闡三代之文、以扶其衰。老氏拠三皇之質、以救其乱、其揆一也）」と説いている。孔子を上に置く王弼の説は退けられ、「聖人が世に現れた場合、足跡を残す場合もあれば、足跡を残さない場合もある（聖人之在世也、有有跡、有無跡）」ことから、「仲尼が世に関わっていったのも、老氏が隠棲したのも、老氏が沈黙を守ったのも、仲尼が弟子たちに語りかけたのも、いずれも身を縮めたり伸ばしたり、隠したり現れたりする処世法の究極のあり方を示したものである（仲尼之所以出、老氏之所以処、老氏之所以黙、仲尼之所以語、蓋屈伸隠顕之極也）」と説明される。隠棲が、単に乱れた世から身を引く個人的な行為ではなく、その行為が広く知られることで――具体的な足跡は知られずとも、跡を消したという跡が知られればそれでよい――、乱れた世に警鐘を鳴らし、世の中を救うために貢献すると考えられている点が注目される。

10　儒仏道の対話

陸希声が現実世界の救済という観点から孔子と老子をともに評価したように、無を体現した儒家的な聖人も、孔子と肩を並べる道家の聖人も、有を超えた無に触れているとはいえ、その存在自体は有限な世界にとどまりつづける。一方、老荘思想に民間信仰が融合し、仏教の刺激も受けて成立した道教では、不老長生の願望をかなえる仙人を、儒家的な聖人を超えたものと考えた。後漢末以来の初期道教文献の一つに数えられる『太平経《たいへいきょう》』の一節では、人間を上から順に、神人、真人、仙人、道人、聖人、賢人、民人、奴婢の位に分類しており、奴婢であろうと善人になって学問を好めば賢人になれる、賢人が学問を好んでやまなければ、聖人になりうる、聖人が学問をやめなければ、天道の扉に通じ、道人の域に入って立ち止まらず、不死の業を成し遂げれば、さらに仙人となる、云々と説いている（王明『太平経合校』巻五十六至六十四、二二一、二二二頁）。

晋の葛洪《かっこう》（二八三—三四三）もまた、仙人と聖人を区別している。彼の著した『抱朴子《ほうぼくし》』内篇辨問《べんもん》の冒頭には次のような問答がある。

或問曰、若仙必可得、聖人已修之矣、而周孔不為之者、是無此道可知也。

抱朴子答曰、夫聖人不必仙、仙人不必聖。〔…〕且夫俗所謂聖人者、皆治世之聖人、非得道之聖人。得道之聖人、則黄老是也。治世之聖人、則周孔是也。黄帝先治世而後登仙、此是偶有能兼之才者也。

ある人がたずねた。「もし仙人になりうるのだとすれば、聖人がとうにその修行をしていたはずです。それなのに周公や孔子はそれをしませんでした。ここから仙道が存在しないことは明らかでしょう」。

抱朴子は答えた。「聖人は必ずしも仙人ではなく、仙人は必ずしも聖人ではない。〔…〕世間の人たちが言う聖人とは、いずれも世の中を治める聖人であり、道を体得した聖人のことではない。道を体得した聖人とは、黄帝や老子がそれにあたる。世の中を治めた聖人とは、周公や孔子がそれにあたる。黄帝はまず世の中を治めたのちに登仙した。これは偶然、両方の能力を兼ね備えることができた例である」。

囲碁の達人が棋聖と呼ばれ、書の達人が書聖と呼ばれ、絵画の達人が画聖と呼ばれるように、一口に聖人と言ってもさまざまな形態があり、「治世の聖人」のほかに、「得道の聖人」があってよい。そして、「治世の聖人」すなわち儒教的聖人よりも、「得道の聖人」、道家・道教的な聖人、端的に言えば仙人を、より上位に置くのが葛洪の主張である。同じ不老不死の追求であっても、秦の始皇帝や漢の武帝が現実世界の延長として仙界を位置づけるのに対し、葛洪は仙界を現実世界と切り離されたものとしてとらえている。治世の聖人であれば統治責任者としてさまざまな業務に関わることになり、それは得道の聖人となることの妨げにしかならない。治世の聖人が果てしない多事にあけくれるのに対し、得道の聖人はみずからの精神を涵養するという一事を尽くせばよいとされる。司馬承禎《しばしょうてい》（六四三―七三五）の序を附す『天隠子《てんいんし》』にも、「易簡は、神仙の徳なり」とある。

ただし、仙人になる道は一つであっても、どのような仙人になるかは違いがある。『抱朴子』内篇論仙では、仙人が「肉体をもったまま虚空に昇る（挙形昇虚）」天仙と、「［死ぬことなく］名山に移り住む（遊於名山）」地仙と、「いったん死んでから蟬の抜け殻のようになる（先死後蛻）」尸解仙《しかいせん》の三種に分類されている。「蟬の抜け殻のようになる」とは、服や冠や靴を残して死体を消し去ることであり、『列仙伝《れっせんでん》』や『神仙伝《しんせんでん》』などに多くの伝説が残されている。肉体をもったままの天仙が上位であり、肉体を一旦失う尸解仙が下位になる。『神仙伝』に隠遁仙人とあだ名される白石生《はくせきせい》の逸話を載せるが、彼は薬を服して昇天するのを避け、「天上にはお仕えすべき至尊が数多くいらっしゃり、人間界より面倒だ（天上多有至尊相奉事、更苦人間耳）」と言って「人間《じんかん》の楽を失うまい」とした。仙道にもつながる隠遁が、官界からの離脱であって、世間からの離脱でないことがはっきり見て取れる例である。

仏教が本格的に受容されると、仏と中国の聖人との異同が問題とされた。外来の仏を中国の伝統に親和的なものとして解釈するため、仏はしばしば中国の聖人と同格とされた。たとえば梁の沈約《しんやく》（四四一―五一三）は、「均聖論《きんせいろん》」（『広弘明集《こうぐみょうしゅう》』巻五）を著し、中国の聖人が説いていた教えは仏教に合致すると考え、殺生戒をとりあげつつ、「内聖」と「外聖」、すなわち仏教の聖人と儒教の聖人は「義は均しく理は一つ（義均理一）」と説く。儒仏道三教の一致を主張する宋の契嵩《かいすう》（一〇〇七―一〇七二）も、「儒は聖人による世の中を治めるための教えであり、仏は聖人による世を超え出たところを治めるための教えである（儒者聖人之治世者也、仏者聖人之治出世者也）」（「原教《げんきょう》」、『鐔津文集《たんしんぶんしゅう》』巻一）と主張し、その立場を敷衍して、次のように述べている。

儒仏者聖人之教也。其所出雖不同、而同帰乎治。儒者聖人之大有為者也、仏者聖人之大無為者也。有為者以治世、無為者以治心。

儒も仏も聖人の教えである。その起源は異なるものの、ともに治めることに帰着する。儒は聖人による有為を重視した教えであり、仏は聖人による無為を重視した教えである。有為であれば世の中を治めるのによく、無為であれば心の中を治めるのによい。

（「寂子解《せきしかい》」、『鐔津文集』巻八）

時代は下って、清の道士、劉一明《りゅういつめい》（一七三七―一八二一）も、以下のように、内丹（金丹）を本性と言い換え、仙人、仏陀、聖賢を一つにまとめている。

金丹者、混成本性之別名、非本性之外又有一金丹。這箇丹人人具足、箇箇円成、処聖不増、処凡不減、乃仙仏之種子、聖賢之根本。

金丹は原初の不分明な本性の別名であり、本性の外に別に金丹があるわけではない。この丹はあらゆる人間に具足しているものであり、各人に完全なかたちで成就されている。それは聖人でも増えることはなく、凡人でも減ることはない。それは仙仏になるための種子であり、聖賢になるための根本である。

（『悟真直指《ごしんちょくし》』巻二）

11　六朝・唐の狂者

儒道仏を統合的に理解しようとする流れがある一方で、後漢末以降の道教や仏教の広まりは、儒教的な価値観からの解放ももたらした。その逸脱ぶりは、しばしば「狂」という語で表現される。『晋書《しんじょ》』で竹林の七賢に数えられる阮籍《げんせき》や嵆康《けいこう》と同じ巻に立伝された胡毋輔之《こぶほし》・謙之《けんし》父子の伝記に拠ると、息子の謙之は勝手気ままで、酔っ払うと常に父の字を呼ばわったが、父の輔之も意に介さなかったという。これを話題にする者は、狂だと評した（『晋書』巻四十九）。

「狂」という評価は、唐代になるとより頻繁に、また自覚的に用いられた。「謫仙《たくせん》」（天から追放された仙人）と評された李白《りはく》（七〇一—七六二）は、「廬山謡寄廬侍御虚舟」詩の冒頭、「我本《もと》楚の狂人、鳳歌して孔丘を笑う」と、狂接輿と自分を結びつけている。謹厳な杜甫《とほ》（七一二—七七〇）もまた、自らを「狂夫」と呼び、「自ら笑う　狂夫老いて更に狂なり」と詠っている（「狂夫」）。「狂夫」とは、世渡り下手な自分に対する自虐的な呼称であると同時に、妥協しない生き方を選んでいるという、いくばくかの自負も込められた表現だろう。彼らの同時代人である書家の張旭《ちょうきょく》は、書聖王羲之《おうぎし》の筆法を継承するとも言われる一方で、酒を飲んで「大声をあげて狂ったように走り回り（号呼狂走）」、「変化無窮」の書をしるしたと言う（『旧唐書』賀知章伝）。張旭は、「自叙帖」の作で知られる仏僧の懐素《かいそ》（七三七？—七九九？）とともに、「張顚素狂」と評された。

狂を自認した詩人として、白居易を欠かすことはできない。白居易は、仏寺に自分の文集を奉納する際（「香山寺白氏洛中集記」）、自分の言葉を「狂言綺語」と、やはり自虐と自負の入り交じった表現で評価した。彼の言葉として、また次のような一節が伝えられている。名古屋の蓬左文庫《ほうさぶんこ》に所蔵される那波道円《なわどうえん》古活字印本『白氏文集《はくしぶんしゅう》』の校語に引く「序洛詩《じょらくし》」の異文である（この異文の存在については、芳村弘道「白居易の墓誌自撰」を参照）。

大凡詩之作也、切於理者其詞質、適於意者其韻逸、質近俗、逸近狂、然則苟決吾心、苟楽吾道、俗狂之誚、安敢逃之。噫亦猶罪丘知丘皆以春秋耳。

およそ詩を作るとき、道理に重きをおくと表現が質実になり、情意に任せるとひびきが奔放になる。質実さは俗に近づき、奔放ぶりは狂に近づく。とはいえそうした詩を書くことを決心し、その道を楽しむわけだから、俗や狂といった非難も甘んじて受けようではないか。ああ、孔子が、私、丘《きゅう》をけなす者も私を理解してくれる者も、みな『春秋』に拠るのだ、と言ったのと同じことだ。

「俗」や「狂」といった非難を甘んじて受けながら、自身の創作を聖人孔子の『春秋』制作に擬しているところに、詩人の矜持がうかがえる。唐代では、常識にとらわれない禅僧の姿を形容する言葉としても「狂」は頻繁に用いられ、「風狂の士」と称される詩僧寒山《かんざん》や、臨済《りんざい》（?—八六六）も一目置いた狂僧普化《ふけ》などがその代表として挙げられる。詳細は第三章を参照されたい。

12　朱子学の聖人観

儒教の聖人に話題を返そう。道教が仙人になることを目指す教えであり、仏教が悟りを開いて仏になることを目指す教えであることに対抗して、儒教でも宋代になると道学者たちが聖人になることを積極的に検討するようになる。

呉筠《ごいん》（生卒年不詳）の「神仙可学論《しんせんかがくろん》」に代表されるように、唐代の道士が学んで神仙に至れることを喧伝するのに対し、唐代において儒家が聖人になることを勧めることはない。韓愈が「原道」で述べるように、儒者の責務は、聖人の教えを我が道として引き受け、それを広めることだと考えられてきた。韓愈の弟子にあたる李翺《りこう》（七七二—八四一）の「復性書《ふくせいしょ》」には、「聖人は、人の性がみな善であり、その性にひたすら付き随ってゆけば聖に至りうることを理解していたので、人々の性を、礼を制定して整え、音楽を作って調和させた（聖人知人之性皆善、可以循之不息而至于聖也、故制礼以節之、作楽以和之）」とあり、聖人と共通する善なる性を涵養することで、一般人が聖人になれる可能性が指摘されている。ただし李翱の目的は、聖人を理想として、個々人が善なる性を回復すべきことを説くことにあり、人が真に聖人になれるかどうかは問題視されていない。

　しかし宋代になると、様相が変化する。北宋の周敦頤《しゅうとんい》（一〇一七—一〇七三）は『通書《つうしょ》』において、「聖は学ぶべきか、曰く、可なり」（聖学）と述べ、程頤《ていい》（一〇三三—一一〇七）は、「顔子《がんし》が好んだのはどのような学か」という師の胡瑗《こえん》（九九三—一〇五九）の出した問いに対し、「聖人に到達する道」を学んだと答え、「聖人には学んで到達できる（聖人可学而至）」と断言した（「顔子所好何学論」）。ここで脚光を浴びるのは、孔子の第一の高弟、顔子（顔回、顔淵）である。夭折したことで、孔子に「天は私を滅ぼすのか（天喪予）」（『論語』先進《せんしん》）とまで嘆かせた顔回、孔子から唯一「学を好む」（『論語』雍也《ようや》、先進）者と認められた顔回が、聖人に限りなく近い存在、しかも生まれながらにして聖人ではなく、孔子のもとで学んだ結果、ほぼ聖人の域に達した存在として着目されたのである。程頤は続けて次のように述べる。

> 蓋聖人則不思而得、不勉而中、従容中道。顔子則必思而後得、必勉而後中。故曰、顔子之与聖人相去一息。〔…〕所未至者、守之也、非化之也。以其好学之心、假之以年、則不日而化矣。〔…〕後人不達、以謂聖本生知、非学可至。而為学之道遂失。不求諸己而求諸外、以博聞強記巧文麗辞為工、栄華其言、鮮有至於道者。則今之学、与顔子所好異矣。

しかし聖人は考えることなく理解し、努力することなく正しく振る舞い、ゆったりと中道に就くことができる。顔子は必ず考えてはじめて理解でき、努力してはじめて正しく振る舞える。だから、顔子は聖人からほんの少し劣っているだけだ、と言われるのだ。［…］聖人に至っていないのは、意識的に身を正しく守ろうとしているからで、まだ聖人に変化していないのだ。学問を好む心を維持し、それを何年も続ければ、遠からず聖人に変化したことだろう。［…］後の人はこのことを理解せず、聖人はもともと生まれながらにすべてを了解しているのだから、学んでもその境地に至ることはできない、と考えた。こうして学問を行う道が見失われてしまったのである。その道を自分の中に求めずに、外に求め、博覧強記ぶりや、文章の彫琢ぶりを高く評価し、ことばを飾り立てるばかりで、道に到達する者はまれである。こうして今の学問は、顔子が好んだものと異なってしまったのだ。

（程頤「顔子所好何学論」、『程氏文集』巻八）

礼楽を制作する従来の聖人は、いわば世界を正しく作り替える指導者であったが、顔子が聖人に近づいたのは、己の内面を作り替えたためである。己の内面を作り替えることで、世界を作り替える可能性がおそらくは開けるのだろうが、夭折し、何ら政治的活躍をしなかった顔回に着目するかぎり、そうした筋道は問題とされない。したがってここでは、「博聞強記」や「巧文麗辞」などの外面的な知的洗練を競う学問ではなく、「己」の中の本性を本来の善なる姿に立ち返らせる学問が求められるのである。

ちなみに『荘子』大宗師篇に載せる孔子と顔子の対話では、顔子に孔子の学問を乗り越える役割が与えられている。すなわち顔回は孔子に向かって、仁義を忘れ、礼楽を忘れ、さらに「坐忘」したことを報告するのである。孔子が驚き「坐忘」の意味を問うと、顔回は、それは「身体を打ち棄て、知性を斥け、肉体から離れ、知慮も取り除き、すべてに通じる道に同化する」（堕肢体、黜聡明、離形去知、同於大通）ことだと述べる。これを聞いた孔子は、顔回が自分の先を行ったことを認めるのである。後に、唐代の道士司馬承禎は「坐忘論《ざぼうろん》」を著し、坐忘を神人になるための修行法として位置づける。六朝時代の玄学においては、顔子は空を体得した人物として扱われた。『論語』先進篇の「回也其庶乎屢空」という句について、顔回がしばしば匱《ひつ》が空《から》になるほど貧しい暮らしをしていた、という解釈の他に、「空《くう》」を虚無として理解し、顔回はほとんど無を体得していたという解釈が唱えられた。孔子が無を体得した人物であるという前提の上である。

朱熹はもちろん、このような顔子理解を一蹴している。その上、程子より進んで、聖人もまた学ぶことがありうると説く。「吾十有五にして学に志す」以下の『論語』為政《いせい》篇の文章に対して、朱熹は『論語集注《ろんごしっちゅう》』において、まず次のような程子の説を引いている。孔子は生まれながらにすべてを了解しているのだから、学問に志すことからはじめて七十代にして心の欲するままに行動して規範を外れない境地に至ったというのは、後進に学問を勧めるための道筋を示しているだけだ、というのがそれである。朱熹はこの説を踏襲して、聖人が「生知」、すなわち生まれながらにすべてを了解している人であることを認めながらも、「とはいえその心では、決して自分がすでにこのような段階に至っているとは思わない（然其心未嘗自謂已至此也）」として、聖人は自分で自分が聖人の域に達しているとは思わないのだから、学び続けるはずだと主張するのである。聖人が自ら説く心の中は、いまだ聖人の域に達していないわれわれには本当にはわからない（「聖人自説心中事、而今也不可知」、『朱子語類《しゅしごるい》』巻二十三）。したがって、「学に志す」から「心に従う」の階梯について、「聖人にもこのような段階があったはずだと決めつけるのはよくない。かといって聖人は全く学問などしなかったなどと漠然というのもいけない。〔われわれの考えとは別に〕聖人には聖人のことがあるのだ」（「若必指定謂聖人必恁地、固不得、若説聖人全無事乎学、只脱空説、也不得。但聖人便自有聖人底事」、『朱子語類』巻二十三。訳文は、垣内景子『「心」と「理」をめぐる朱熹思想構造の研究』一三六、七頁を参照した）と朱熹は説く。『論語』述而篇に「私は生まれながらにすべてを了解しているわけではない（我非生而知之者）」という孔子の言葉があるが、この条について朱熹は、孔子は「生知」であるが、生まれながらにして了解しているのは「義理」についてだけであり、「礼楽名物」や「古今事変」については、学ぶことによってそれらの真実性を検証するのだという尹焞《いんとん》（一〇七一―一一四二）の説を引いている。孔子が学を好んだと称するのは、決して後進を励ますためだけの便宜的な表現ではなく、内実を伴った言明なのだということは、逆に、後進に不断の勉学を要請する論拠としてきわめて有効である。「聖賢とはすでに会得しきった学ぶ者であり、学ぶ者とはいまだ会得しきっていない聖賢（聖賢是已熟底学者、学者是未熟底聖賢）」（『朱子語類』巻三十二）というわけである。

朱熹の体系を受け入れた士大夫は、「学者」として不断に聖人の道を学び続け、聖人になることを目指すことになる。それは、己の内面を本来の性に作り替えることで、他人の心を陶冶し、教化を行いうる可能性を身につけることである。個々人の本来の性は、同じ一つの理を共有するものであって、それぞれの性の間に齟齬はない。そのため「学者」は、従来の聖人のように、王として一人で世界全体を作り替える必要はなく、個々人がそれぞれの立場に応じて可能な範囲で教化を行えばよい。そうすれば、全体として調和のとれた教化が行われるはずである。共有された内面性に軸足を置くことで、いわば複数の小聖人が分担して教化を行う体制が可能になったのである。

13　朱子学の狂者批判

その結果、調和的な教化の体制に参与しない立場は、慎重に拒絶される。朱熹が、道教や仏教を攻撃したのもそのためであり、隠者の立場も容認されることはない。狂者についても同様である。孔子の重要な弟子の一人に曾皙（曾点《そうてん》）がいる。孟子が狂者の一人として名前を挙げていた人物である。先進篇の末尾に置かれる、『論語』の中で例外的に長文の一段が議論の的となる。孔子がある時、子路、曾皙、冉有《ぜんゆう》、公西華《こうせいか》の四人の弟子に、自分を見いだしてくれる人がいれば、何と答えるかと尋ねた。子路以下、冉有、公西華が、自分が任用されれば国を治めるのにいかに役立つかを答えたのに対し、ひとり曾皙はためらいながらも、「春も末つかたには（日ざしもうららかで）、春着もちゃんと整いまして、五六人の青年、六七人の少年たちと沂《き》でゆあみをし、舞雩《ぶう》ですずみをして、歌をうたいながら帰るといたしましたら……（莫春者、春服既成、冠者五六人、童子六七人、浴乎沂、風乎舞雩、詠而帰）」（倉石武四郎訳）と答える。そして孔子は曾晳の答えに賛同するのである。なぜ孔子は曾晳の答えをよしとしたのか。朱熹の解釈は、曾晳が「事為の末」にとらわれず、「天理の流行」にのっとり、「天地万物と上下流れを同じく」しており、その「資質（気象）」が並外れているからだ、というものである（『論語集注』）。『集注』に引く「程子」の注釈には次のようにある。

曾点、狂者也。未必能為聖人之事、而能知夫子之志。

曾点は狂者である。必ずしも聖人の事業を行えるわけではないが、それでも孔子先生の志はよく理解している。

聖人と狂者との間には、明確な一線が引かれている。朱熹は狂者曾晳に対して、さらに警戒を強めている。『朱子語類』が記録するところに拠れば、弟子の恭甫《きょうほ》にこの『論語』の一節を問われた際、「曾点は悟った境地は極めて高いが、ただ実践がおろそかだ。彼の狂についての欠点はたやすく見つかるが、逆に彼の狂についての長所がどのような点にあるかを見なければならない（曾点見処極高、只是工夫疏略。他狂之病処易見、却要看他狂之好処是如何）」と語っている。その長所を「天理の流行」を悟っているという点に認めながら、続けて次のようにも説いている。

曾点意思、与荘周相似。只不至如此跌蕩。荘子見処亦高、只不合将来玩弄了。

曾点の考えは、荘子と似ている。ただ荘子ほど勝手放題にはならなかった。荘子の悟った境地もやはり高いのだが、ただそれを持ち出してあれこれ問題にしてはならない。

（『朱子語類』巻四十）

さらに次のような問答もある。この曾点の資質は、顔子が貧乏であっても「楽」しんでいた（『論語』雍也）ことに近いのでしょうか、と問うた弟子に対し、朱熹はこう答える。

顔子底較恬静、無許多事。曾点是自恁説、却也好。若不已、便成釈老去、所以孟子謂之狂。

顔子の場合は比較的穏やかで、あれこれ言うことはない。曾点が〔孔子の問いに〕このように答えている分には、それもよい。ただそこでおさまらなければ、仏教徒や道教徒のようになってしまう。だから孟子は曾点を狂と言ったのだ。

（同上）

朱熹の好みは明らかだろう。朱熹はまたこうも発言している。

且如狂簡底人、不裁之則無所収検、而流入於異端。〔…〕大率異端、皆是遯世高尚底人、素隠行怪之人、其流為仏老。

さて狂簡なる人たちは、裁断しなければおさまりがつかず、かえって異端に走ってしまう。［……］おおよそ異端の人物は、この世から逃れて高尚をきどる者や、術学的な理屈を追求して奇異な振る舞いをする者たちで、その果ては仏教徒・道教徒に行き着く。

（『朱子語類』巻二十九）

狂者は隠者と並んで、異端の道に走る可能性があり、彼らを学んではならない。狂者は聖人と同じ内面性（志）を持つが、その内面性を教化に結びつける段において、聖人の事業から乖離してしまうからである。

ところで、『書経』多方篇に、周公が成王に代わって訓戒を垂れ、「聖とて心がけねば狂となり、狂とて心がければ聖となる（惟聖罔念作狂、惟狂克念作聖）」と述べるくだりがあり、その一例としてすぐにも討伐されるべき殷の紂王に対して、天が猶予を与えたことが挙げられている。宋代までは、孔穎達らの『尚書正義《しょうしょせいぎ》』が注解するように、「狂」を完全に否定的な意味での「狂愚」ととらえ、これは極端な例を挙げて説明されたことであって、聖が狂になり、狂が聖になるなどということはありえないと考えられていた。『正義』はその論拠を『論語』に求めている。

聖君上智之名、狂者下愚之称。孔子曰、惟上智与下愚不移。是聖必不可為狂、狂必不能為聖、此事決矣。

聖君とは最上の智者に対する名称であり、狂者とは最低の愚者に対する呼称である。孔子は、「〔中等の人は別として〕最上の智者と最低の愚者だけは変わらない」〔『論語』陽貨〕と述べているが、これは、聖はどうしても狂になれぬし、狂はどうしても聖になれないということで、このことは絶対的なのだ。

しかし朱子学の体系においては、いかに狂愚であっても善なる性を持ち、誰もが聖人になりうる可能性があるとされた。「上智」と「下愚」が変わらないのは、後天的な習いによって固定したままでで、本来の性は理であって一つであるとされる。朱熹の下で学んだ蔡沈《さいちん》（一一六七—一二三〇）が編纂した『書集伝《しょしゅうでん》』では、「紂王は愚か者であったが、過ちを改め善に移ることのできる原理は有していた（紂雖昏愚、亦有可改過遷善之理）」と、共通する理のあることが強調されている。聖人の場合にしても、「ちょっとした心の緩みによって、狂にまでは至ることはないにしても、狂になる原理はやはりそこにあるのである（一念之差、雖未至於狂、而狂之理亦在是矣）」。このことを踏まえた上で、狂愚に陥らぬよう、聖人は日々自らをいましめるのであり、われわれもそれを見習わねばならないとされる。

狂者にも聖人になりうる可能性を認めながら、その存在様態は切り捨てる。これこそ、仏教や道教に触発されながら、それらと儒教との峻別を図る朱子学の狂者観である。荘子の境地が評価されていたように、内面性については、仏教や道教の立場にもある程度共感を持ちながら、教化という実践に関わる側面において、仏教や道教は厳しく批判されるのである。「時」を強調された聖人像が、多様な生き方――そこには狂者や隠者も含まれる――を許容するのに対し、朱子学は、聖人像を理念化し、「学者」に共有させることによって、その多様性を遮蔽したのだ。

14 陽明学の聖人観

朱子学に対する内側からの批判として登場した陽明学は、聖人観についても、朱子学のそれを徹底することで、朱子学的理解に批判的な観点を提起している。王陽明《おうようめい》（一四七二―一五二九）は、聖人に学んで至ることができるという主題を朱子学から受け継いだ。『伝習録《でんしゅうろく》』に従えば、王陽明は若い時、朱子学の言うとおり万物に理が備わっているのなら、その個別の理を極めて万物の理を知ろう、という目論見で、竹の理を七日間集中して見続けた。結果、精神を病むばかりで理を悟ることはできなかった。しかし南方の僻地への赴任を命じられたのち、はたと大悟する。すなわち、格物のはたらきは外にあるのではなく、ただ身心の場においてあるのだ（只在身心上做）、だからこそ誰もが聖人に到達できるのだ（以聖人為人人可到）、と。この開悟が理想としての聖人に一歩一歩近づいてゆくことの保証であるなら、朱子学から一歩も出るものではない。王陽明の発見は、あらゆる人がすでにして聖人であると看破した点にある。弟子に向かって「人々は胸の中に聖人を宿している（人胸中各有個聖人）」と述べ、「ただ自分を十分信じてはいないので、聖人をすっかり埋もれさせている（只自信不及、都自埋倒了）」だけなのだと説く。王陽明の弟子たちも、先生に向かって「街中の人がみな聖人であるのが目に入りました（見満街人都是聖人）」と報告する。また生知の聖人とて学ぶのをやめるわけではなく、学ぶことが必要な人々も生まれつき良知は備えているのだから、「聖人もやはり学んで知る者であり、一般人もやはり生まれながらに知る者である（聖人亦是学知、衆人亦是生知）」ということになる。陽明学者にとって、学んで聖人に至るとは、自分が聖人であったことを学びによってあらためて確認し、聖人の精度を上げることにほかならない。

人は生まれつきの聖人である。とはいえ人はみな同じ顔をしているわけではなく、千差万別である。そこから聖人の多様性が導かれる。王陽明は聖人が聖である理由を、心が天理に対して純粋さを保っていることに求め、それを金の純度に喩えている。凡人は金も持っているのだが、銅や鉛が混じった物体で、それを精錬して純金にするのが修行である。そして聖人の多様性の方を、金の重さに喩えている。

人到純乎天理方是聖、金到足色方是精。然聖人之才力、亦是大小不同。猶金之分両有軽重。堯舜猶万鎰、文王孔子有九千鎰、禹湯武王猶七八千鎰、伯夷伊尹猶四五千鎰。

人が天理に対して純粋になれば、それで聖と言えるのであり、金が十分な色をもてば、それで純金だと言える。しかし聖人の才気や力には、やはり大小の違いがある。それは金の重さに軽重があるのと同じようなことだ。堯・舜はいわば万鎰《いつ》であり、文王・孔子は九千鎰、禹・湯・武王はいわば七八千鎰、伯夷・伊尹は四五千鎰である。

（『伝習録』巻上）

われわれは万鎰や九千鎰の聖人にはなれないかもしれない。しかし、たとえ一鎰であっても純金になれば、それは完全な聖人になったということなのである。万鎰、九千鎰の聖人と一鎰の聖人とでは、おのずとなすべき事業も異なろう。人はそれぞれの立場で、それぞれの聖性を発揮すればよいことになる。「純一であるかどうかが問題になるだけで、多いか少ないかは問題にならない（只論精一、不論多寡）」のである。

この純金の喩えを朱子学に当てはめてみよう。朱子学者も聖人になることを目指す以上、金の純度をおろそかにすることはない。しかし朱子学の立場で、聖人に実際になることは難しい。それは、純度を百パーセントにすることの困難さもさることながら、一鎰の聖人のような小さな存在を想定しておらず、聖人であるからには万鎰に近い規模が期待されているからだろう。朱子学者が「気象」の大きさを問題にするのはそのためである。

また、陽明学において、人がすでにして聖人であるとされたことで、人と世界の関係性そのものも変容することになった。朱子学の枠組では、理に基づいて作られているはずの世界が客観的に外在し、人は自分の内心の理に照らして外物の理を発見してゆくことで、世界の乱れを調節し、埋を回復してゆくことになる。それに対し、陽明学では、良知良能を宿した各人の心の働きに応じて、そのつど各人の心の固有の理的世界が現出する。岩肌に花をつけた木について、見ていない時には花と心はともに寂無に帰しており、「あなたが来てこの花を見た時、この花の色がその時に明らかになる（你来看此花時、則此花顔色一時明白起来）」といった発言、「天に対してわたしの精神の働きがなければ、誰がそれを高きものとして仰ぎ見るだろうか（天没有我的霊明、誰去仰他高）」、「さて死んだ人のことを考えてみると、彼の霊魂は飛び散ってしまっていて、彼の天地万物は、なおどこにあると言えようか（今看死的人、他這些精霊游散了、他的天地万物尚在何処）といった問いかけ（いずれも『伝習録』巻下）がなされるのは、陽明学的な人間観の帰結である。

15 陽明学の狂者評価

王陽明は、狂者や狷者も積極的に評価する。伊川《いせん》（程頤）は排斥するかもしれないが、とことわった上で、孔子の弟子曾点のことも否定的言辞なしに称え、次のように言う。「聖人が人を教え導くにあたっては、彼らを束縛して同じような類に仕立ててしまうのではなく、狂者には狂という点から成就させ、狷者には狷という点から成就させるのである。人の才気をどうしてみな同じだとすることができようか（聖人教人、不是個束縛他通做一般，只如狂者便従狂処成就他、狷者便従狷処成就他、人之才気如何同得）」（『伝習録』巻下）。狂者は聖人に至る階梯の一つと目されているのである。

さらに王陽明は狂者を自負しさえする。「答聶文蔚《じょうぶんい》」書簡で、王陽明は、深淵に落ち込んだ父子兄弟を、わめき叫びながら両手両足を使って、坂をはだしで転びながら下って助け出そうとする人に対して、その様子を見ながら居住まいを正したままで、あの人は礼儀に背いていると非難する人を例に出す。助けようとする前者が陽明学者の立場であり、静観する後者は、理が外在化された礼に固執する朱子学者像である。その上で王陽明は次のように述べ、朱子学者から貼られた狂というレッテルを、みずから引き受けようとするのである。

嗚呼、今之人雖謂僕為病狂喪心之人、亦無不可矣。天下之人心、皆吾之心也。天下之人猶有病狂者矣、吾安得而非病狂乎。猶有喪心者矣、吾安得而非喪心乎。

ああ、今の人は、わたしを狂疾の心神喪失者だと言いますが、それがどうだというのでしょう。天下の人の心は、すべてわたしの心です。天下に狂疾の人がいるかぎり、どうしてわたしが狂疾を病まずにいることができましょう。天下に心神喪失者がいるかぎり、どうしてわたしが心神喪失を病まずにいることができましょう。

（「答聶文蔚」一、『伝習録』巻中）

王陽明は、深淵に落ち込んだ父子兄弟を「病狂喪心の人」ととらえなおし、自らも「病狂喪心」の一人として彼らとの連帯を表明するのである。「狂」の否定的な意味合いは薄れ、救いを求める心のほとばしり、そして救いの手をさしのべたいという心のほとばしりが「狂」の含意に付加される。『伝習録』巻下には、『孟子』の記述を踏まえて、昔は「郷愿」の心があったが、今では「狂者」の気概を持ち得たという述懐もある。深淵に落ち込んだ人を目の当たりにした瞬間、陽明学者の中には、その人を助けなければならない世界が立ち現れる。しかしその世界は、傍観者として事態を眺める朱子学者の世界とは別物である。朱子学者にとって、誰が何を見ようが、世界は変わることなく一つであり続ける。自分の生きる世界がたとえ人の世界と違っても、自分の世界を生ききるという覚悟から、王陽明は狂を引き受け、狂であることこそが聖に直結しているという自負を抱くのである。学問は自分の心で納得することが重要で、「そのことばが孔子から出たものであっても、それを理由に正しいとは考えない（雖其言之出於孔子、不敢以為是也）」（『伝習録』中、「答羅整庵少宰書」）という孔子に対する一種の相対化も、狂であることの自負と同じ立場から導かれる。

イスラーム教徒の家庭に生を受け、陽明学の系譜を引く明末の異端的思想家、李卓吾《りたくご》（名は贄《し》、一五二七―一六〇二）も、狂や狷を積極的に評価している。「与耿司寇《こうしこう》告別」（『焚書《ふんしょ》』巻一）では、道を伝え、「千聖の絶学」を継承するのは狂狷を措いてほかになく、「狂狷でありながら道を聞き得ていない者はいるが、狂狷でないのに道を聞き得た者はいない（有狂狷而不聞道者有之、未有非狂狷而能聞道者也）」と、道を聞くための必要な資質として狂狷を位置づけている。『蔵書《ぞうしょ》』巻三十二楽克論《がくこくろん》の中では、『論語』に基づいて「聖人とは中庸を得た狂狷である（聖人者、中行之狂狷也）」と定義し、詳しく狂狷の意義を語っている。単なる善人――それは郷原に近い――が信念を持って学を積むことで君子となり、聖人となるのであって、信念を持って行動する人物である狂や狷の要素が聖人となるためには必要なのである。そこで堯や文王などは狂であったとされ、舜や禹や湯や武王、周公などは狷だとされる。微子、箕子といった佯狂者も、曾点も狂として評価され、比干などは狷として評価される。李卓吾の狂狷の列挙はこれで終わらない。道家の荘子や列子も狂に分類され、陶淵明、東方朔《とうほうさく》、阮籍らも狂として賞賛される。また唐の詩人・文人で、李白、王維《おうい》、柳宗元《りゅうそうげん》を狂、杜甫、孟浩然、韓愈を狷に分類している。李卓吾はあたかも、聖人になる手前の狂や狷の多様な発露を言祝いでいるようである。それは王陽明がどんなに小粒であっても、満街の人に聖性を認め、狂の立場を積極的に引き受けたのと軌を一にしている。李卓吾が「天下が特定の一人を生んだからには、その一人なりのはたらきがおのずとあるのであって、孔子に依拠してはじめて充足するわけではない（夫天生一人、自有一人之用、不待取給於孔子而後足也）」（「答耿中丞」、『焚書』巻一）と啖呵をきるのも、王陽明と重なる部分である。

清代になると、聖人の価値を相対化して狂に走る明末の思想傾向は、風俗を乱し、明朝を滅ぼした一因として指弾された。確かにそうした一面はあるものの、一方でこうした傾向が、自分の信念を貫いて、清朝の支配に対する精神的抵抗を続ける思想的根拠となったことも指摘しておかなければならない。清初の狂者の代表として、書画をよくした傅山《ふざん》（一六〇七―一六八四）や、『水滸伝《すいこでん》』批評で著名な金聖嘆《きんせいたん》（一六〇八―一六六一）などを代表として挙げることができる。

16　キリスト教の神と中国の聖人

明代には、孔子の相対化が儒家の内部から推し進められる一方、聖人そのものの価値の格下げを迫る事態も出現した。宣教師が到来し、人を超越した神の存在が持ち込まれたのである。中国の文人とも交流をもち、信者も獲得したマテオ・リッチ（利瑪竇《りまとう》、一五五二―一六一〇）は、『天主実義《てんしゅじつぎ》』を著して、儒家が崇拝する聖人に対するキリスト教の神、すなわち天主の優越性を主張した。その根拠は、天主が無からの創造を行うのに対し、聖人はあくまで人であり、天主が創った世界に基づいてそれに加工を加えているにすぎない、という点に求められる。『天主実義』は中国人（「中士」）の問いに西洋人（「西士」）が答える形式で叙述されているが、第四篇では「西士」の口を通して、中国の聖人は、「天主がすでに形作った物に基づいて、その素材にしたがってその物を完成させるのであって、最初に物の無い状態から何かを創り上げることができるわけではない（蓋因天主已形之物、而順材以成之、非先自無物而能創之也）」のに対し、「天主が物を創造する場合は、無から有を作るのであり、命令一下、万物が出現するのである（若夫天主造物、則以無而為有、一令而万象即出焉）」と述べられる。仏教や道教も批判の対象とされ、最後の第八篇では「西士」に説得された「中士」が、「聖人にせよ、仏にせよ、仙人にせよ、いずれも人から生まれた者であって、始元を持たない者と言うことはできない。〔それ自身は始元を持たない〕始元とならなければ、真の主となることはできず、世間に訓戒を垂れることはできない（聖也、仏也、仙也、均由人生、不可謂無始元者也。不為始元、則不為真主、何能輒立世誡）」と、天主の超越的な立場を承認している。

キリスト教自体は、その後の中国で広く普及することはなかったが、宣教師がもたらした西洋の新知識は、従来の世界観に対する根本的な再検討を促した。それでも「聖人」は、理想的な人格としての命脈を保ち続ける。凌廷堪《りょうていたん》（一七五五—一八〇九）は、「読孟子《どくもうし》」（『校礼堂文集《こうれいどうぶんしゅう》』巻五）の中で、西洋からもたらされた天動説や歳差の説は、『虞書《ぐしょ》』（『書経』の一部）や『周髀《しゅうひ》』（算学書）の説に符合するだけでなく、『孟子』にも記述されており、「古の聖人固より已に深く之を知れり」と述べる。凌廷堪がこのように言うのは、しかし西学を不要なものとして排除するためではなく、西人の説を兼ね修めて中国の伝統学問の及ばないところを補うためであった（「西人之説既合於古聖人、自当兼収並采以輔吾之所未逮」）。戴震《たいしん》（一七二四—一七七七）も、「帝王の道で最も大切なのは天を敬い民事に尽力することだ。天のことは遠大なのだから知り尽くすことがなくても大いなる智には影響しない。例えば、日食月食やその他の惑星の食現象などは、聖人はただ懼れて自らの修養の戒めとするということだから、予知しようとは思わなかったのだ」（帝王之道、莫大乎敬天勤民、天事遠不必尽知、無傷於大智。如日月食五星掩犯、聖人但懼而修警、不求預知也。『経考《けいこう》』巻二）と説明している。朱子学の体系なら、天体の運行規則は天の理の表れであり、それを窮めることが要求され、その理を窮めることが聖人になることだと考えられる。それに対して戴震は、こうした考えは、「理」を個々の物体や現象ごとに内在的に存在している実体のようにとらえるものだと批判した。戴震は、「天理」を「自然の分理」と言い換え、それを「自分の心情から他人の心情を推察し、偏りのない判断ができること（以我之情絜人之情、而無不得其平）」と敷衍している（『孟子字義疏証《もうしじぎそしょう》』理）。戴震にとって「理」とは、超越的な真理・原則ではなく、人間世界に後天的に見出される秩序なのである。したがって、西学が天に関する新たな知見をどれほどもたらしたとしても、そうした真理は、「自然の分理」そのものではないのだから、中国の聖人の権威は揺るがない。戴震はまた次のように述べている。

聖人亦人也、以尽乎人之理、群共推為聖智。尽乎人之理非他、人倫日用尽乎其必然而已矣。推而極于不可易之為必然、乃語其至、非原其本。

聖人はやはり人であって、人の理を尽くすからこそ、大勢の人がともに聖智ある人と推戴するのである。人の理を尽くすとはほかでもない、人間関係や日々の生活が必然性に行き着くことである。それらを推し量って変更できない必然性にまでつきつめられれば、最後まで知り尽くしたと言うのであって、その根源を尋ねたわけではないのだ。（『孟子字義疏証』理）

中国の聖人は、人間界の秩序に関わっていればそれで十分なのであって、物事の始元をも統べる全知全能のキリスト教の神とは異なるのである。

17　近現代中国における聖人像

宣教師の活動は一旦禁じられ、清朝はしばらく内発的発展を続けるが、官僚の腐敗や制度疲労が徐々に清朝を弱体化させていった。アヘン戦争以後、西欧列強が中国に進出し、二千年にわたる王朝体制はいよいよ危機を迎える。この危機を克服するために、康有為《こうゆうい》（一八五八—一九二七）は、素王としての孔子を再び持ち出し、その権威を背景に改革を行おうとした。康有為にとって、孔子は「残欠した経文を大事に守る経学先生（抱残守闕之経師）」ではなく、「神明なる聖王にして、礼制を改革した教主（神明聖王、改制教主）」（『孔子改制考《こうしかいせいこう》』巻七）なのである。それは、孔子を道徳的人格者としてみなす当時の通説を覆し、孔子に再び政治的王としての資格を与えようとする試みであった。康有為は次のように述べている。

自戦国至後漢八百年間、天下学者、無不以孔子為王者、靡有異論也。自劉歆以左氏破公羊、以古文偽伝記、攻今学之口説、以周公易孔子、以述易作、於是孔子遂僅為後世博学高行之人、而非復為改制立法之教主聖王、祗為師統而不為君統。詆素王為怪謬、或且以為僭竊、尽以其権帰之人主。

戦国時代から後漢までの八百年間、天下の学者で、孔子を王とみなさないものはおらず、異論はなかった。ところが劉歆が『左氏伝』によって『公羊伝《くようでん》』を論破し、記録にしるされた古文で、口頭により伝えられた今文学を攻撃し、周公によって孔子を取り替え、「述」によって「作」を取り替えたために、孔子は単なる後世の博学で高潔な人物であるにすぎず、礼制を改革し法を確立した教主・聖王ではなくなってしまい、教師としての伝統だけが残り、君主としての伝統が伝わらなくなった。素王の説はでたらめとされるか、僭称だとされ、こうした権力は一般の君主のもとに集約されることになった。（『孔子改制考』巻八）

だが康有為の主導した戊戌変法が頓挫すると、康有為の提示した政治的孔子像も支持を失う。さらに、聖人はむしろ学術発展のくびきとして表象される。ハックスリー（T. H. Huxley）の『進化と倫理（*Evolution and Ethics*）』を『天演論』という題で翻訳、出版した厳復《げんふく》（一八五四―一九二一）は、「論《ろん》世変之亟《せいへんのきょく》」（一八九五年）で次のように述べている。天地の物産は有限であるのに対し、民の欲には際限がない、そのため民を育む道は「止足」、欲を満たすことをとどめることにある。そうして民は「素朴・蒙昧な状態のまま、耕作や井戸掘りに従事して、目上の人に仕えることに安んじる（安於樸鄙顓蒙、耕鑿焉以事其長上）」。「これはまさに、聖人が天下を包括し、争いをおさえ混乱をなくす優れた方法であったが、民の智はそのために日々弱まり、民の力はそのために日々衰えた。その結果、諸外国と生死をかけて争うことができなくなった。これは聖人の思慮の及ばなかった点である（此真聖人牢籠天下、平争泯乱之至術、而民智因之以日窳、民力因之以日衰。其究也、至不能与外国争一旦之命、則聖人計慮之所不及者也）」。こうして聖人は時代遅れの遺物とみなされた。「時」の聖人である孔子にも対応できない時が現れたのである。

辛亥革命前夜の一九一一年一月、王国維《おうこくい》（一八七七―一九二七）は新たに発刊される『国学叢刊《こくがくそうかん》』に序を寄せ、次のように述べた。

凡吾智之不能通而吾心之所不能安者、雖聖賢言之、有所不信焉、雖聖賢行之、有所不慊焉。何則、聖賢所以別真偽也、真偽非由聖賢出也。所以明是非也、是非非由聖賢立也。

自分の知恵で理解できず、自分の心で納得できないことは、聖賢が語ったことであっても信じることはできない場合があるし、聖人が行ったことであっても満足できない場合がある。なぜか。聖賢は真偽を区別しはするが、真偽が聖賢から出てくるわけではない。聖賢は是非を明らかにはするが、是非が聖賢によって確立されるわけではない。

前に引いた王陽明や李卓吾のことばと非常によく似ているが、王国維の立場が彼らと異なるのは、個人がみずから真偽・是非をつかむために参照する体系として、儒教をはじめとする中国伝統思想のほかに、西洋の学術があったということである。胡適《こてき》（一八九一―一九六二）は、一九一七年から北京大学で中国哲学史の講義を行い、堯・舜から始めるそれまでの形式を改めたことで、学生たちに衝撃を与えた。それは、古代の聖人から聖性を剝奪し、伝統的な言説を客観的、科学的に理解しようとする試みであった。

だが聖人の利用価値が近代になって完全に失われたわけではなかった。馮友蘭《ふうゆうらん》（一八九五―一九九〇）は、『新原人《しんげんじん》』（一九四六年）の中で、人間の世界に対する関わり方を低次のものから順に、自然境界、功利境界、道徳境界、天地境界の四つに分け、最高の天地境界に達した人を聖人と呼んでいる。彼の議論は、儒学とりわけ程朱道学の伝統を、もう一度新たな視点で読み直そうとするものであった。こうした潮流を担うのが現代新儒家と呼ばれる学者たちで、馮友蘭もそのうちの一人に数えられる。最後に、現代新儒家らのマニフェストとも言うべき「為中国文化敬告世界人士宣言」に触れておこう。この宣言文は、唐君毅《とうくんき》（一九〇九―一九七八）、張君勱《ちょうくんばい》（一八八七―一九六九）、牟《ぼう》宗三《そうさん》（一九〇九―一九九五）、徐復観《じょふくかん》（一九〇三―一九八二）の四人が連名で一九五八年に発表したもので、大陸に共産党政権が成立して、中国の伝統文化が失われてしまうという危機感から、世界に向けて中国文化の重要性を訴えた文章である。そこでは、正しい信仰を持つ者だけが救われるとし、異端や不信心者を地獄へと落とすキリスト教だけに依拠するのではなく、「人でさえあれば、聖になり、天と徳を合わせることのできる本性を等しく持っている」とする儒教にも依拠する必要があると説かれる。ここでも、道学の伝統にのっとって、聖人になることが推奨されている。「内聖外王」は彼らのスローガンであった。儒教の有意義性が疑われないかぎり、今後も聖人は理想的人間像として参照され続けるのであろう。

聖人像がきわめて可塑的であるのは、それが「時」との関わりによって立場を変えうる柔軟な存在として理解されたことが大きい。逆に言えば、人々がどのように時代をとらえ、社会と個人との関係を考えるかによって、彼らの聖人像も変わってくる。神を前提としない中国の人々にとって、その政治観、社会観、倫理観を投影する重要な概念が、聖人だったのである。

底本

『礼記正義』、阮元校刻十三経注疏附校勘記、台北、藝文印書館、一九八九年
劉宝楠『論語正義』(全二冊)、高流水点校、北京、中華書局、一九九〇年
『春秋左氏伝』、阮元校刻十三経注疏附校勘記、台北、藝文印書館、一九八九年
司馬遷『史記』(全十冊)、北京、中華書局、一九五九年
班固『漢書』(全十二冊)、北京、中華書局、一九六二年
趙在翰輯『七緯(附論語讖)』(全二冊)、鍾肇鵬・蕭文郁点校、北京、中華書局、二〇一二年
斎木哲郎『五行・九主・明君・徳聖――老子甲本巻後古佚書』、東方書店、二〇〇七年
孫詒譲『墨子間詁』(全二冊)、孫以楷点校、北京、中華書局、一九八六年
郭慶藩『荘子集釈』(全四冊)、王孝魚点校、北京、中華書局、一九六一年
朱熹『四書章句集注』、北京、中華書局、一九八三年
王先謙『荀子集解』(全二冊)、沈嘯寰・王星賢点校、北京、中華書局、一九八八年
『周易正義』、阮元校刻十三経注疏附校勘記、台北、藝文印書館、一九八九年
『老子道徳経河上公章句』、王卡点校、北京、中華書局、一九九三年
洪興祖『楚辞補註』、台北、藝文印書館、一九九六年
汪栄宝『法言義疏』(全二冊)、陳仲夫点校、北京、中華書局、一九八七年
范曄『後漢書』(全十二冊)、北京、中華書局、一九六五年
銭伯城『袁宏道集箋校』(全三冊)、上海、上海古籍出版社、二〇〇八年
『詩経正義』、阮元校刻十三経注疏附校勘記、台北、藝文印書館、一九八九年
魏徴・令狐徳棻『隋書』(全六冊)、北京、中華書局、一九七三年
朱金城『白居易集箋校』(全六冊)、上海、上海古籍出版社、一九八八年
佟培基『孟浩然詩集箋注』、上海、上海古籍出版社、二〇〇五年
『文選　附考異』、胡克家本、台北、藝文印書館、一九九一年

趙翼『廿二史箚記校証』（訂補本、全二冊）、王樹民校証、北京、中華書局、一九八四年
陳寿『三国志』（全五冊）、北京、中華書局、一九五九年
余嘉錫『世説新語箋疏』修訂本、上海、上海古籍出版社、一九九三年
陸希声『道徳真経伝』、『道蔵』、北京、文物出版社ほか影印本
王明『太平経合校』（全二冊）、北京、中華書局、一九六〇年
王明『抱朴子内篇校釈』（増訂本）、北京、中華書局、一九八五年
葛洪『神仙伝校釈』、胡守為校釈、北京、中華書局、二〇一〇年
道宣『広弘明集』、『大正新脩大蔵経』巻五十二、大正新脩大蔵経刊行会、一九二七年
契嵩『鐔津文集』、『大正新脩大蔵経』巻五十二、同上
劉一明『悟真直指』、『道書十二種』、上海江東書局、一九一三年
王琦注『李太白全集』（全三冊）、北京、中華書局、一九七七年
仇兆鰲注『杜詩詳注』（全五冊）、北京、中華書局、一九七九年
李翶「復性書」、中国社会科学院哲学研究所中国哲学史研究室編『中国哲学史資料選輯　魏晋南北朝之部』（全三冊）、北京、中華書局、一九九〇年
『周敦頤集』、陳克明点校、北京、中華書局、一九九〇年
程顥・程頤『二程集』（全二冊）、王孝魚点校、北京、中華書局、二〇〇四年
黎靖徳編『朱子語類』（全八冊）、王星賢点校、北京、中華書局、一九八六年
『尚書正義』、阮元校刻十三経注疏附校勘記、台北、藝文印書館、一九八九年
蔡沈集伝、陳櫟纂疏『書集伝纂疏』、通志堂経解、台北、漢京文化事業有限公司、一九九三年
王守仁『王陽明全集』（全二冊）、上海、上海古籍出版社、一九九二年
李贄『焚書・続焚書』、北京、中華書局、一九七五年
李贄『蔵書』（全二冊）、北京、中華書局、一九五九年
朱維錚主編『利瑪竇中文著訳集』、上海、復旦大学出版社、二〇〇一年

凌廷堪『校礼堂文集』、王文錦点校、北京、中華書局、一九九八年
戴震研究会他編纂『戴震全集』第三冊、北京、清華大学出版社、一九九四年
戴震研究会他編纂『戴震全集』第一冊、北京、清華大学出版社、一九九一年
康有為『孔子改制考』、北京、中華書局、一九五八年
王栻主編『厳復集』（全五冊）、北京、中華書局、一九八六年
周錫山編校『王国維集』、北京、中国社会科学出版社、二〇〇八年
湯一介・杜維明主編『百年中国哲学経典』（全五冊）、深圳、海天出版社、一九九八年

参考文献

倉石武四郎他訳『論語・孟子・大学・中庸』、筑摩書房（世界文学大系六九）、一九六八年
本田濟「聖人」、『人文研究』十九巻十号、一九六八年、のち『東洋思想研究』（創文社、一九八七年）所収
吉川忠夫、「真人と聖人」、『中国宗教思想2』、岩波書店（岩波講座　東洋思想十四）、一九九〇年
白川静「狂字論」、『文字遊心』、平凡社ライブラリー、一九九六年
浅野裕一『孔子神話』、岩波書店、一九九七年
小路口聡「朱熹の曾点観――陸象山批判の一視座」、『日本中国学会報』四十九、一九九七年、のち『「即今自立」の哲学――陸九淵心学再考』（研文出版、二〇〇六年）所収
芳村弘道「白居易の墓誌自撰」、『学林』二八・二九号、一九九八年
吾妻重二「道学の聖人概念――その歴史的位相」、『関西大学文学論集』第五〇巻第二号、二〇〇〇年、のち『朱子学の新研究――近世士大夫の思想史的地平』（創文社、二〇〇四年）所収
林文孝「あの人の〈世界〉はどこに……？――「王守仁における死の問題」ノート」、『中国哲学研究』第十四号、二〇〇〇年
石井剛「戴震の学術思想における「聖人」の作用について」、『中国哲学研究』第二〇号、二〇〇四年、のち『戴震と中国近代哲学――漢学から哲学へ』（知泉書館、二〇一四年）所収

白川静『新訂字統』、平凡社、二〇〇四年
垣内景子『「心」と「理」をめぐる朱熹思想構造の研究』、汲古書院、二〇〇五年
橋本秀美『『論語』――心の鏡』、岩波書店、二〇〇九年
矢嶋美都子『佯狂――古代中国人の処世術』、汲古書院、二〇一三年
小島毅「儒教の聖人像――制作者か人格者か」、『聖なるものへ――躍動するカミとホトケ』、岩波書店（岩波講座 日本の思想八）、二〇一四年

志野好伸（本巻編者）

＊なお本シリーズは、東京大学東洋文化研究所の班研究「中国学における概念マップの再構築」の成果でもあることを付言しておく。

第一章　聖人について

聖人とは中国の伝統思想において一種の理想的人格を意味する言葉である。しかもそれは、君子や賢者といったより現実味のある人格に比べ、はるかに近寄りがたい響きをもっている。そのため、聖人をめぐる過去の議論においては、聖人は学んで到達できるかどうかという問題が大きな比重を占めてきた。『孟子《もうし》』『荀子《じゅんし》』など戦国時代の儒家思想を伝える文献においても、聖人は完成された人格を指すが、なおも到達は可能とされていた。それが漢代以降になると、常人と聖人との距離はきわめて大きなものとなってゆく。聖人が再び到達可能な距離に降りてくるには宋代を待たなければならなかった。本章では漢代を中心に、その前後の時代を行きつ戻りつしながら、聖人という存在の特殊性がどのように表現されていたかを見てみたい。

1　聖なる人々

実を言えば、中国古代の文献を広く見渡す限り、聖人とは必ずしも常人の手の届かない至高の存在ばかりを指したわけではない。顧頡剛《こけつごう》（一八九三―一九八〇）によれば、むしろ多くの場合、それはごく普通の意味での聡明な人を指していた。『毛詩《もうし》』邶風《はいふう》「凱風《がいふう》」の詩に次のようにある。

凱風自南、吹彼棘薪、母氏聖善、我無令人。

暖かい風が南から吹き、こなつめの木を養い育てた。〔そのように我々を養い育ててくださった〕母上は聡明で善良な人だが、我々兄弟のうちに優れた者がいない〔ので我々を捨てて他家に嫁ごうとなさる〕。

ここでは子を一人前に育て上げた母の才覚が「聖」とされる。また同じく小雅《しょうが》「小宛《しょうえん》」の詩には次のようにある。

人之斉聖、飲酒温克、彼昏不知、壹酔日富。

犀利で聡明な人は、酒を飲んでも内に含んで己を律する。暗愚で無知な者は、ひとたび酔えば威張り散らす。

ここでは酒を飲んでも乱れない程度の思慮深さが「聖」とされる。

この種の「聖」なる人々は、後世の儒教的聖人像からすればあまりに卑近にすぎる。そのため唐初の勅撰注釈書『五経正義《ごきょうせいぎ》』は、「「母氏聖善」とか「人之斉聖」とかは、いずれも才知がある（明智）というほどの意味で言われているのであり、必ずしも周公《しゅうこう》・孔子のようでなくともかまわない」と、わざわざ弁解しなければならなかった（孔穎達《くようだつ》等『毛詩正義《もうしせいぎ》』邶風「凱風」正義）。

また『春秋左氏伝《しゅんじゅうさしでん》』襄公《じょうこう》二十二年（前五五二）には、雨の中、魯の使者として晋に赴く臧武仲《ぞうぶちゅう》について、大夫の御叔《ぎょしゅく》が「聖人が何の役に立とう。私はこれから酒を飲もうというのに、自分は雨の中を出かけて行くとは。聡明であることに何の意味があろう（焉用聖人、我将飲酒而己雨行、何以聖為）」と嘲るくだりがあるが、これについても『正義』は、「当時の人々が臧武仲の物知り（多知）なのを見て聖人と呼んだまでであり、実際に大聖であったわけではない」と但し書きをつけている（孔穎達等『春秋左伝正義』襄公二十二年正義）。

総説（八頁）でも指摘したように、「聖」は「声（聲）」と（また「聴（聽）」とも）音・義ともに通じる語であって、「聡」と同様、耳が利くことを意味する。前漢初期の馬王堆《ばおうたい》漢墓より出土した古逸書『五行《ごぎょう》』の「説」と呼ばれる部分に、

　聡也者、聖之蔵於耳者也。明也者、智之蔵於目者也。聡、聖之始也。明、智之始也。

「聡」とは「聖」が耳に収められている状態である。「明」とは「智」が目に収められてい

る状態である。「聡」は「聖」の端緒であり、「明」は「智」の端緒である。

と、「聡／聖」「明／智」の二系列を定式化している。『五行』の「聖」概念はかなりの思想的洗練を経たものであり、上述のような素朴な「聖」概念とは同日に語れないが、これについては本章の終わりに再度取り上げたい。ここではただ、「聖」が「耳ざとい」という基本義に由来する、一種の知的能力を意味する言葉であることを確認しておこう。

以上に引き替え、『論語』に現れる聖人は少々趣が異なる。そもそも『論語』において、「聖」は消極的なかたちでしか言及されない。たとえば子罕《しかん》篇では、大宰《たいさい》の「あの先生（孔子）は聖者なのかね。どうしてああ多能なのか（夫子聖者与、何其多能也）」といういささか皮肉めいた問いに対し、孔子の聖性を擁護しようとする子貢《しこう》を尻目に、孔子は「大宰は私のことをよくご存じだ。私は若いころ賤しかったので、つまらないことに多能なのだ（大宰知我乎。吾少也賤、故多能鄙事）」と切り返している。ここでは、孔子はもとより、大宰にとっても、「聖」は多才多芸といったこととはまったく別の問題だという了解が共有されている。

もっとも、この章には晋の欒肇《らんちょう》（皇侃《おうがん》『論語義疏《ぎそ》』に引く）や宋の朱熹《しゅき》（『論語集注《しっちゅう》』）による別解があり、それによれば大宰はむしろ「多能＝聖」という素朴な前提に立ち、素直に孔子の才を賛嘆しているのだという。もしそうだとすれば、この問答は大宰ないし世間一般の卑近な「聖」概念と、孔子の高邁な「聖」概念とのずれを示したものとなる。

孔子は聖人をもって自居しなかったのみならず、人にも容易にそれを許さなかった。述而《じゅつじ》篇に見える孔子の言葉に「聖人には私はとうてい会えまい。君子に会えればそれで十分だ（聖人、吾不得而見之矣。得見君子者、斯可矣）」とある。『論語』において理想的人格とされる君子をさらに凌駕する高みに、聖人は置かれている。ちなみに、前述のように『左伝』において聖人と呼ばれていた臧武仲は、『論語』憲問《けんもん》篇でも、その知が「成人」の要件の一つに数えられている。「成人」については諸説あるが、少なくともただちに聖人と同一視しうるものではなさそうである。

また雍也《ようや》篇では、子貢の「ひろく民に恩恵を施して多くの人々を救うことができたらどうでしょう。仁といえますか（如有博施於民而能済衆、何如。可謂仁乎）」という問いに対し、孔子は「仁どころではない。きっと聖であろうよ。堯《ぎょう》や舜《しゅん》ですらそのことに苦慮したのだから（何事於仁。必也聖乎。堯舜其猶病諸）」と答えている。後続部分によれば、「仁」は身近なところから着手すべきであって、子貢のあまりに大上段に構えた姿勢を戒めることにこの章の主眼があるようだが、ともあれ「聖」は「仁」を超える難事であり、堯・舜にさえ容易に達しうることではないという。

前に見たように「聖」は「智」と縁の深い言葉だが、『論語』においては「聖」は「仁」を凌駕し、「仁」は「智」を凌駕する。これが後に見るように、『漢書《かんじょ》』古今人表において「聖人－仁人－智人」という序列が採用されることになる所以でもあるのだが、『孟子』ではふたたび子貢の口を借りつつ、孔子が「仁」「智」を兼ねていることを理由に、その「聖」への格上げを企てている。

昔者子貢問於孔子曰、夫子聖矣乎。
孔子曰、聖則吾不能、我学不厭而教不倦也。

子貢曰、学不厭、智也。教不倦、仁也。仁且智、夫子既聖矣。

かつて子貢は孔子に尋ねた、「先生は聖でしょうか」。

孔子「聖など私の堪えうるところではない。私は学んで厭《あ》くことがなく、教えて倦《う》むことがないというだけだよ」。

子貢「学んで厭かないのは智です。教えて倦まないのは仁です。仁にしてかつ智であれば、先生はもはや聖です」。

（『孟子』公孫丑上）

「聖」と他の徳目との関係について一概に論じることは難しいが、このように「智」「仁」をともに覆うという点は、やはり儒家的な「聖」概念の一つの特徴であろう。すなわち、「聖」であるためには、知恵と道徳の双方において、あるいは修己と治人の両面において、ともに完全でなければならない。

「智」「仁」はまた「才」「徳」と言い換えることもできる。宋の司馬光《しばこう》（一〇一九―一〇八六）が「才と徳がともに完全なのを聖人といい、才と徳がともに欠けているのを愚人といい、徳が才に勝っているのを君子といい、才が徳に勝っているのを小人という（才徳全尽謂之聖人、才徳兼亡謂之愚人、徳勝才謂之君子、才勝徳謂之小人）」（『資治通鑑《しじつがん》』巻一）とし、小人より愚人の方がましだと論じたのは、「徳」をともなわない「才」の危険性を戒めるためである。むろん一方には「聖人は仁ならず」（『老子』第五章）という有名なアンチテーゼもあるが、それも一般に「聖」が「仁」を覆うという前提があればこそであろう。

結局、多くの宗教文化において理想的人格に帰される悟達者と救済者という二重性が、中国古代の、とりわけ儒家的な聖人像にも求められていたと言えそうである。ただ、中国においては、救済は現実世界の只中で、すなわち政治的に実現されるべきものであり、王者という立場こそがそれを可能にすると考えられた。総説でも述べたように、この点に中国における、とりわけその古代における、聖人観の特徴が認められよう。

2　聖人の稀少さ

後漢時代に編纂された『白虎通《びゃっこつう》』という書物のなかに、その名も聖人篇という一篇がある。そこに「別名記」という文献を引用して、次のようにいう。

五人曰茂、十人曰選、百人曰俊、千人曰英、倍英曰賢、万人曰傑、万傑曰聖。

五人に秀でた者を「茂」といい、十人に秀でた者を「選」といい、百人に秀でた者を「俊」といい、千人に秀でた者を「英」といい、「英」に倍する者を「賢」といい、万人に秀でた者を「傑」といい、「傑」に万倍する者を「聖」という。

「別名記」はまた「辨名記」とも呼ばれ、前漢時代に編まれた『大戴礼《だたいれい》』の逸篇の一つとされる。上掲の『白虎通』をはじめ、いくつかの書物に断片が引用されるが、上引部分の文面にも若干の異同がある。

ここでは、「聖」は「茂」（後漢時代、光武帝《こうぶてい》の諱を避け、「秀」の代用字として用いられた）「選」「俊」「英」「賢」「傑」といった一連の語と同様、衆に抜きん出た人物に与えられる呼称であり、しかもその最高水準を示す。その稀少さは、額面どおりには一億人に一人ということになる。

『白虎通』と同じく班固《はんご》（三二―九二）の撰になる『漢書』古今人表は、『漢書』本来の叙述対象である前漢よりも過去の時代の人々、すなわち太古の宓羲《ふくぎ》（伏羲に同じ）より楚漢戦争期の項羽《こうう》・陳《ちん》勝《しょう》・呉広《ごこう》らに至る約二千人の人名を、上の上から下の下までの九等に分けて記載した、風変わりな年表である。九等のうち、特に上の上・上の中・上の下はそれぞれ聖人・仁人・智人に、また下の下は愚人に比定されている。上の上、つまり聖人に分類されるのはわずかに十四人であり、その内訳は宓羲、神農《しんのう》、黄帝《こうてい》、少昊《しょうこう》、顓頊《せんぎょく》、帝嚳《ていこく》、堯、舜、夏の禹《う》王、殷の湯《とう》王、周の文王《ぶんのう》、武王《ぶおう》、周公、そして孔子である。もちろん、この年表に名を記された約二千人という数自体、過去の人類全体から見ればごく一部にすぎないから、聖人の出現率は一億分の一よりはるかに低くなるはずである。

上に示された聖人のリストは、もとより固定したものではなく、場合により若干の出入りをともなう。後漢という時代は、「経学極盛時代」（皮錫瑞《ひせきずい》『経学歴史《けいがくれきし》』）と呼ばれるように、経書解釈学が隆盛を極め、知識人層のうちに儒教の権威が確立した時代である。そのような背景のもとで整理された、儒教の一つの標準的な聖人観を、先の十四人のリストは示している。唐初の『五経正義』が「大聖」と呼んだのも、これらの人物である。

これまでにも幾度か触れたように、これらの人物はおおむね理想視された古代の王、とりわけ王朝の創始者たちである。また、そこに孔子が加わるに至った経緯も総説に詳述したとおりである。その際、聖人を特徴づけるキーワードは、礼楽《れいがく》や『春秋』の制作に代表される「作」の一語であった。この論点を今少し敷衍してみよう。実に制作という営為こそは、「智」「仁」をともに覆うものとしての「聖」の特徴を顕著に示しているからである。

3　文明の創造

上に名を挙げた十四人の聖人は、実のところ、前漢末に劉歆《りゅうきん》（?—二三）が整理した古代の王者の系譜とほぼ一致し、ただそこに普通の意味では王者とは呼べない文王・周公・孔子を附け足しただけである。劉歆がその説を開陳した「世経」は、今『漢書』律暦志下に引用されて伝わるが、そこで劉歆は、いかにも当時を代表する古典学者らしく、それぞれの王について逐一経書上の典拠を明示している。それによると、中国最初の王（ないし聖人）が宓羲であり、次いで神農、黄帝と続くのは、（ほかならぬ劉歆自身による学問体系の整理の結果として）そのころより五経の筆頭の地位を占めるようになった『周易《しゅうえき》』、その繋辞《けいじ》下伝の、次のくだりに根拠を有する。

古者包犧氏之王天下也、仰則観象於天、俯則観法於地、観鳥獣之文与地之宜、近取諸身、遠取諸物、於是始作八卦、以通神明之徳、以類万物之情。作結縄而為罔罟、以佃以漁、蓋取諸離。包犧氏没、神農氏作、斲木為耜、揉木為耒、耒耨之利、以教天下、蓋取諸益。日中為市、致天下之民、聚天下之貨、交易而退、各得其所、蓋取諸噬嗑。神農氏没、黄帝堯舜氏作、［…］黄帝堯舜垂衣裳而天下治、蓋取諸乾坤。刳木為舟、剡木為楫、舟楫之利、以済不通、致遠以利天下、蓋取諸渙。服牛乗馬、引重致遠、以利天下、蓋取諸随。重門撃柝、以待暴客、蓋取諸豫。断木為杵、掘地為臼、臼杵之利、万民以済、蓋取諸小過。弦木為弧、剡木為矢、弧矢之利、以威天下、蓋取諸睽。

昔、包犧《ほうぎ》（伏義に同じ）が天下の王となると、仰いで天象を観察し、伏して地理を観察し、また鳥獣の文様や土地の植生を観察し、近くは自身にもとづき、遠くは諸物にもとづいて、はじめて八卦を作り、それによって天地の霊妙なはたらきに通じ、万物の実情を分類した。包犧は縄を編んで網を作り、狩猟や漁撈を始めた。これはおそらく離《り》（䷝）の卦にもとづく。包犧が没すると、神農が興り、木を削って鋤を作り、その便利さを人々に教えた。これはおそらく益《えき》（䷩）の卦にもとづく。また市を設けて各地から人と財貨を集め、交易して各々必要なものを入手できるようにした。これはおそらく噬嗑《ぜいこう》（䷔）の卦にもとづく。神農が没すると、黄帝・尭・舜が興った。［…］黄帝・尭・舜はただ衣装を垂れているだけで天下を治めた。これはおそらく乾《けん》（䷀）と坤《こん》（䷁）の卦にもとづく。また木を刳り抜いて船を作り、木を削って櫂を作り、離れた土地でも往来できるようにした。これはおそらく渙《かん》（䷺）の卦にもとづく。また牛や馬を馴らし、重い荷物を遠くまで運べるようにした。これはおそらく随《ずい》（䷐）の卦にもとづく。また関門や拍子木を作り、盗賊に備えるようにした。これはおそらく豫《よ》（䷏）の卦にもとづく。また木を切って杵を作り、地を掘って臼を作り、人々を助けた。これはおそらく小過《しょうか》（䷽）の卦にもとづく。また木に弦を掛けて弓を作り、木を削って矢を作り、天下を威圧した。これはおそらく睽《けい》（䷥）の卦にもとづく。

ここでは黄帝の後はただちに尭・舜に列なり、少昊・顓頊・帝嚳の名は見えないが、劉歆は別の文献に依拠して三者を挿入したことを明かしている。ここに描かれているのは、まず包犧が天地以下の諸事象にもとづいて八卦を制作し、以後、各卦の示唆するところに随って、歴代の王者が新たな制作を重ねていった道程である。それは文明の創造過程といってもよい。繫辞下伝は上の引用部分に続いて「後世聖人」の事績にも論及し、文字の制作に説き至って終わる（文字の制作については本書第二章を参照）。

上古穴居而野処、後世聖人易之以宮室、上棟下宇、以待風雨、蓋取諸大壮。古之葬者、厚衣之以薪、葬之中野、不封不樹、喪期无数。後世聖人易之以棺椁、蓋取諸大過。上古結縄而治、後世聖人易之以書契、百官以治、万民以察、蓋取諸夬。

上古は洞穴や野原に住んでいたが、後世の聖人は家を作り、屋根を架けて、風雨を防いだ。これはおそらく大壮《たいそう》（䷡）の卦にもとづく。昔の埋葬は草や木で覆い、野中に埋葬し、盛り土もせず墓標も立てず、服喪期間も定まっていなかったが、後世の聖人は棺を作った。これはおそらく大過《たいか》（䷛）の卦にもとづく。上古は縄の結び目を用いて治めていたが、後世の聖人は「書契」（＝漢字）に代え、官吏はそれによって治め、民衆はそれによって理解した。これはおそらく夬《かい》（䷪）の卦にもとづく〔なお馬王堆帛書本では「夬」を「大有《たいゆう》（䷍）」に作る〕。

人は上古の禽獣にも等しい状態から、長い年月の間に、幾度かの重大な画期を閲しつつ、人としての文化を享受するまでに漸次進んできた。そうした画期をもたらしたものが、ここでは聖人による制作に託されている。聖人は神とは違い、天地や人類を創造することはない。しかし、中国文明そのものが聖人たちの制作物なのである。

このような文化英雄としての聖人像は、戦国時代からしばしば提示されてきた。なかでも徹底しているのは、楚漢の際に編まれたとされる『世本《せいほん》』作篇であろう。この書物も失われて伝わらないが、諸書に引用されて残るその断片から推測する限り、作篇とはその名のとおり、古来どのような人物がどのような制度や器物を制作してきたかを歴叙したもので、たとえば「容成《ようせい》は暦を作った

（容成作暦）」（『尚書正義《しょうしょせいぎ》』舜典等に引く）「化益《かえき》は井戸を作った（化益作井）」（『経典釈文《けいてんしゃくもん》』周易音義等に引く）といった調子である。ともに引かれる後漢の宋衷《そうちゅう》の注によれば、容成・化益（伯益）はそれぞれ黄帝・堯の臣下とされる。作篇の内容は時として『周易』繋辞下伝の述べるところと抵触する場合があり、この種の伝承に異同の多かったことを示唆するが、ともあれ、このように作篇に記される制作者たちは、前に見た聖人の範囲を超え、その臣下まで含むものである。

聖人の制作はもとより物質文化にとどまらず、上述のように文字や、さらには倫理にも及ぶ。『孟子』滕文公《とうぶんこう》上篇には、堯の時代、洪水が起こり、人と禽獣が雑居する事態に陥った際、舜の指揮のもと、伯益は火を山沢に放って禽獣を追い払い、禹は河川を治めて海へ導き、后稷《こうしょく》は民に耕作を教えて五穀を育てたと述べた後、次のように語を継ぐ。

人之有道也、飽食煖衣逸居而無教、則近於禽獣。聖人有憂之、使契為司徒、教以人倫、父子有親、君臣有義、夫婦有別、長幼有序、朋友有信。

人が生きてゆくうえでは、豊かな食物、暖かい衣服、安逸な住まいがあっても、教えがなければ、なお禽獣に近い。聖人（舜）はこれを憂え、契を司徒の官に任じ、人倫を教え、父子に親があり、君臣に義があり、夫婦に別があり、長幼に序があり、朋友に信があることを知らせた。

後に臣下による君主の殺害や、子による父の殺害が頻発する時代に際会して、孔子が『春秋』を制作したのも（『孟子』滕文公下）、同じ意図を引き継ぐものということになる（本シリーズ『人ならぬもの』一〇四頁以下を参照）。

もちろん、一方ではこうした聖人像に禍々しいものを見て取る立場も存在した。『荘子《そうじ》』馬蹄篇に次のように言う。

夫至徳之世、同与禽獣居、族与万物並、悪乎知君子小人哉。同乎無知、其徳不離。同乎無欲、是謂素樸、素樸而民性得矣。及至聖人、蹩躠為仁、踶跂為義、而天下始疑矣。澶漫為楽、摘僻為礼、而天下始分矣。［…］夫残樸以為器、工匠之罪也。毀道徳以為仁義、聖人之過也。

至徳の世には、禽獣と雑居し、万物と共存し、君子と小人の区別など知らなかった。無知に合致していたから、その徳は道から離れず、無欲に合致していたから、これを素朴といい、素朴であったから、民の本性が失われることはなかった。ところが聖人が現れて孜々として仁に努め、営々として義を行うと、天下の人々は初めて迷いを覚えた。また放埒に音楽を作り、細々と礼儀を定めると、天下の人々に初めて差別が生じた。［…］粗木を分解して器具としたのは工匠の罪であり、道徳を破砕して仁義としたのは聖人の過ちである。

人が禽獣の間に雑揉していた時代をこそ失われた理想の世とするこの作者からすれば、聖人は楽園喪失の咎を負うべき罪人にほかならないということになる。

4　制作か妄作か

孟子は「先の聖人（舜）も後の聖人（文王）もその軌道は一つである（先聖後聖、其揆一也）」（『孟子』離婁下）と述べ、時代的に相隔たって出現した聖人たちも、本質において同じ道を歩んでいるという見解を保持していた。性善説を主張する孟子にとって、聖人とは万人の心に共通の正しさを、私に先駆けて自覚した者の謂いにほかならない以上（『孟子』告子上）、このように考えるのは当然である。

しかし、複数の聖人による制作という観念は、変化の問題を呼び込まずにはおかない。実際、戦国末期に法家思想を大成した韓非《かんぴ》（?—前二三三）は、聖人制作説をその「古今異情（昔と今では事情が異なる）」説と結びつけ、かえって儒家の尚古主義を批判するための利器とした。『韓非子』五蠹《ごと》篇に言う。

上古之世、人民少而禽獣衆、人民不勝禽獣蟲蛇。有聖人作、搆木為巣以避群害、而民悦之、使王天下、号曰有巣氏。民食果蓏蚌蛤、腥臊悪臭而傷害腹胃、民多疾病。有聖人作、鑽燧取火以化腥臊、而民説之、使王天下、号之曰燧人氏。中古之世、天下大水、而鯀禹決瀆。近古之世、桀紂暴乱、而湯武征伐。今有搆木鑽燧於夏后氏之世者、必為鯀禹笑矣。有決瀆於殷周之世者、必為湯武笑矣。然則今有美堯舜湯武禹之道於当今之世者、必為新聖笑矣。是以聖人不期修古、不法常可、論世之事、因為之備。

上古の時代、人類は少なく禽獣は多く、人類は禽獣や虫蛇に勝てなかった。すると聖人が現れ、木を組んで巣を作り害を避けた。民衆は喜び、彼を天下の王とし、有巣氏《ゆうそう》と呼んだ。また民衆は果実や貝類を常食とし、生ものは腐敗して胃腸を傷つけ、病気が蔓延した。すると聖人が現れ、木を擦って火を熾《おこ》し、生ものを調理した。民衆は喜び、彼を天下の王とし、燧人《すいじん》氏と呼んだ。中古の時代、天下は洪水に覆われ、鯀《こん》や禹は水路を切り開いた。近古の時代、桀《けつ》や紂《ちゅう》が暴虐の限りを尽くし、湯王や武王は征伐を敢行した。さて、もし夏の時代に巣を組んだり木を擦ったりする者がいれば、鯀や禹に笑われることだろうし、もし殷・周の時代に水路を切り開く者がいれば、湯王や武王に笑われることだろう。とすれば、もし今の時代に堯・舜・湯・武・禹のやり方を讃美する者がいれば、きっと新しい聖人に笑われるに違いない。そこで聖人は往古に倣わず、通例に縛られず、その時代の事情に合わせて備えをするのである。

『史記』によれば、戦国時代、秦相の商鞅《しょうおう》（?―前三三八）が変法を断行しようとした際、また趙の武霊王《ぶれいおう》（在位前三二五―前二九九）が中華の礼俗を棄て、異民族の胡服騎射の制を導入しようとした際にも、同様の論理が用いられたという。すなわち「聖人は国を強くすることさえできれば前例に囚われず、民を利することさえできれば礼俗に囚われない（聖人苟可以彊国、不法其故、苟可以利民、不循其礼）」（商君列伝）のであり、「聖人は国家にとって有益でありさえすれば器物が一定であることを求めず、事情において便利でありさえすれば礼俗が不変であることを求めない（聖人果可以利其国、不一其用、果可以便其事、不同其礼）」のであり、虙戯《ふくぎ》（伏羲に同じ）・神農より夏・殷・周三代に至るまで「時代に応じて法を制定し、事情に即して礼を制定し、法令や制度は時宜に随い、衣服や器物は用途に応じた（随時制法、因事制礼、法度制令各順其宜、衣服器械各便其用）」（趙世家）のである。

この両者が周囲の抵抗に対し、互いによく似た言葉遣いで応じていることも興味深い。商鞅は反対派の甘龍《かんりょう》に、「凡人は習俗に安住し、学者は師説に拘泥する。彼らは官に任じ法を守らせるにはよいが、法の外においてともに論じ合うような相手ではない（常人安於故俗、学者溺於所聞。以此両者居官守法可也、非所与論於法之外也）」（商君列伝）と応酬し、また武霊王は胡服を躊躇する叔父の公子成《こうしせい》に、「あなたが語っているのは習俗だが、私が語っているのは習俗を制定する所以なのだ（今叔之所言者俗也、吾所言者所以制俗也）」（趙世家）と説得を試みている。法や俗の内にとどまっている限り、新たな法や俗を生み出すことはできない。その外に踏み出し、そもそも法や俗が何のためにあるのかを見渡す地点に立ってこそ、制作に与ることができるのである。

戦国時代は社会的流動性が高まり、地域や階層を超えて、異なる文化的背景をもつ人々どうしの接触が大いに促進された時代であったため、一方では人の本性のような万人にとっての普遍的な基盤が模索されると同時に、他方では法や俗の示す多様性が鋭敏に意識されもした。『史記』に記された上述の故事も、そのような時代背景を伝えるものであろう。

ところで、ここで問題となるのは、制作が恣意に流れず、当を得たものとなることを、何が保証するのかという点である。中国思想の文脈において、「作」の文字は必ずしも常に肯定的な語感をもって用いられるわけではない。「述べて作らず」という孔子の言葉はあまりに有名だが、同じ『論語』述而篇にはまた「知りもせずに作る者もいるようだが、私にはそういうことはない（蓋有不知而作之者、我無是也）」との発言も記録されている。これについて何晏《かあん》『論語集解《しっかい》』は包咸《ほうかん》（前六―六五）の説を引いて、「当時、憶測でむやみに論著を作る者がいたので、このように言ったのである（時人有穿鑿妄作篇籍者、故云然也）」と説く（鄭玄《じょうげん》の注もほぼ同じ）。ここで「妄作」の対象が特に「篇籍」とされるのは、すでに総説（二一―二二頁）でも触れた公冶長《こうやちょう》篇の一節、「狂簡《きょうかん》、斐然《ひぜん》として章を成すも、之を裁つ所以を知らず」とのかかわりを仄めかす。このくだりをめぐる解釈のゆれについては総説に譲るとして、『集解』の引く孔安国《こうあんこく》の注には「妄作穿鑿して以て文章を成し、裁制する所以を知らず」との解釈を施している。ことは「文章」に限らずとも、万事において進取の気性に富む「狂」（子路篇）は、往々にして「妄作」に趨るものであろう。むしろ、ことさら制作にかかずらう者の多くはそうした手合いであって、ほんの一握りの、制作が当を得た者のみが聖人と呼ばれるのではないか。

聖人は法の外に立って制作を敢行するが、さりとてまったくの無法であっては容易に狂者に転じる。前に見た商鞅や武霊王の故事においては、法や俗の上位に「彊国」「利民」「順其宜」「便其用」

といった基準が設定されていた。それに適うものが当を得た制作ということになろうが、この種の功利的な基準は、往々にして事前に衡量することが難しいのもまた事実であろう。

5　聖人と変通

ここで今一度、前に引用した『周易』繋辞下伝に戻ろう（七九頁）。この一章もまさしく変化について論ずるものであった。引用文中の省略部分には、実は次の一節が挿まれていた。

通其変、使民不倦、神而化之、使民宜之。易窮則変、変則通、通則久。是以自天祐之、吉无不利。

物事の変化を通じさせて民が倦怠しないようにし、霊妙に変化を推し進めて民が適宜を得るようにした。易の道は窮まれば変じ、変ずれば通じ、通ずるがゆえに長久である。そこで天もこれを助け、吉であってすべてが順調に進む。

つまり、聖人の制作は『易』の変通の理に則るということである。『易』においては、陰が窮まれば陽に変じ、陽が窮まればまた陰に変じて、活路を通ずる。聖人はそのような変通の理に精通しているために、「窮」なる局面を見極めて「変」へと転じさせることができる。それが制作である。陸績《りくせき》（一八八—二一九）の説明を借りるなら、それはたとえば、包犠が網を制作して狩猟や漁撈を創めた結果、人々は食物を手にする一方、獲物の数は次第に減少し、ついには困窮に至るが、これが今度は神農による鋤の制作と農業への転換を促す、というようなことである（李鼎祚《りていそ》『周易集解』に引く）。

『易』の変通の理は天に由来する。ゆえに聖人の制作の妥当性は天によって保証されることになる。すべての発明は自然の模倣であるともいわれるが、聖人の制作も天の変化の延長ということになろう。とはいえ、天は明示的に規範を示すわけではない。繋辞上伝に「仁者はそれを見て仁といい、知者はそれを見て知といい、普通の人々は日々それを利用しながら気づいていない（仁者見之謂之仁、知者見之謂之知、百姓日用而不知）」というように、天の道は多義的で、一度にそのありようを開示することはない。包犠が制作したという八卦は、天の多義性を多義的なままに包蔵した象徴形式であり、だからこそわずか八種類の記号で「天地の霊妙なはたらきに通じ、万物のありかたを分類した」とされる。そこから具体的な含意を引き出すことは、一人一人の聖人に委ねられている。

前の引用箇所によれば、歴代の聖人は制作への示唆をそれぞれ特定の卦より得たという。おそらく各卦は変化の具体的な局面を象徴するのであろう。しかし、この部分の叙述には一つの飛躍がある。包犠が制作したのはあくまで八卦とされていたのに、神農以下ではただちに八卦以外の諸卦へと言及範囲が広がっているのである（なお包犠自身において言及される離の卦については、八卦の一つとも考えられるし、八卦中の同一卦どうしを重ねてできる八純卦の一つとも考えられるので、微妙である)。このことは重卦、すなわち八卦を重ねて六十四卦としたのは誰かという易学上の重要案件とかかわりをもつ。『周易正義』の編者、孔穎達(五七四―六四八)によれば、これには四つの説があり、王弼《おうひつ》(二二六―二四九)等は包犠自身とし、鄭玄(一二七―二〇〇)の学派は神農とし、東晋の孫盛《そんせい》は禹とし、司馬遷(前一四五―前八六)等は周の文王としていた(『周易正義』巻首「周易八論」第二論「重卦之人」)。このうち最も一般的なのは、『史記』周本紀のほか『淮南子《えなんじ》』要略や『漢書』藝文志にも見える第四の文王重卦説だが、孔穎達は今問題としている繫辞下伝を根拠に、禹および文王の二説の成り立たないことは自明として退け、その上で神農説より包犠説の方が勝れるとして次のようにいう。

凡言作者、創造之謂也。神農以後便是述修、不可謂之作也。

一般に「作」とは創造することをいう。神農以下は述修であって、「作」とはいえない。

孔穎達はあくまでも卦の制作を包犠一人の功に帰そうとし、その際に「作」か「述修」かという基準を援用する。そして、一人の包犠がなぜ卦の制作を二度に分けて行う必要があったのかというありうべき疑問に対しては、次のような答えを用意していた。

伏犠初画八卦、万物之象皆在其中、[…]雖有万物之象、万物変通之理、猶自未備、故因其八卦而更重之、卦有六爻、遂重為六十四卦也。

伏犠が最初に八卦を画いた際、万物の象はすべてそのうちに含まれていた。［…］万物の象は含まれていたとはいえ、万物の変通の理はまだ備わっていなかった。そこで八卦にもとづいてそれをさらに重ね、一卦を六画とし、こうして六十四卦を作った。

これは繫辞下伝冒頭部分の韓康伯《かんこうはく》の注を下敷きとしつつ、重卦の意義を説明したものである。要するに孔穎達の論理においては、包犠が八卦を制作して「万物の象」を備え、さらに重卦を行って「変通の理」を備え、そして神農以下の各聖人は述修者としてそれを個別の制作に適用したという展開が想定されている。

しかし、はたしてそうだろうか。事前に「変通の理」を備えておくなどということが可能なのだろうか。神農以下の聖人を「作」者の列から外して本当にかまわないのだろうか。

現にその後の制作が六十四卦に依拠して行われたと書かれている以上、反論は困難であるかに見える。ところが、ことはそう簡単には済まない。実は問題の章にはもう一つ別の視点が介在している。文中、各卦への言及は「蓋取諸～」という決まった形を取るが、「蓋」とは推測の辞であり、それが繫辞伝の作者による解釈であることを示している。繫辞伝の実際の成立年代はさておき、伝統的にはそれはもう一人の聖人である孔子の作に帰せられてきた。つまり、聖人の制作が六十四卦の示唆のもとに為されたというのは、孔子によって遡及的に見出された仮説ということになる。

したがって、事態は反転する。古の聖人たちは六十四卦に倣ってなどいなかった。むしろ六十四卦を先取りしていたのである。彼らの制作は、先行者のない、紛れもない創造であった。それでいて、巧まずも天の道に合致したのである。孔子が古の聖人たちによる制作の含意を遡及的に見出したように、古の聖人たちは制作を通じて天の道の含意を遡及的に見出したということになる。それゆえに彼らの制作は、それぞれに唯一無二のものでありながら、一旦為されるや天地万物の秩序のうちに適切な位置づけを得るのである。

6　聖人と法

もともと聖人による制作という考え方を強く打ち出したのは、戦国末期の思想家、荀子であったと言われる。その所説を伝える『荀子』では、礼楽はもとより言語も聖人の制作に帰せられる。伝統的な儒家の思想においては、言語は礼を構成する重要な一要素にほかならない。親族関係に関する語彙、宮室や器物に関する語彙、はては天地山川に関する語彙に至るまで、それらの適切な使用は、儀礼や祭祀をはじめ、礼的秩序全般を成り立たせるうえで不可欠なものである。ところが、荀子の見るところ、当時の状況は「今や聖王は没し、名称を守るべき立場の者たちは怠り、奇抜な弁論が生じ、名称と実体の関係は混乱し、是非の姿は不明瞭となった（今聖王没、名守慢、奇辞起、名実乱、是非之形不明）」（『荀子』正名）というもので、まさに新たな制作が待たれる時代であった。ゆえに「もし王者が現れたなら、きっと古い名称を遵守するとともに、新しい名称を制作するであろう（若有王者起、必将有循於旧名、有作於新名）」（同上）という。荀子のこのような「制名」の思想は、「名称には固有の指示対象はなく、約束により指示対象を定め、約束が定着して習慣となれば、それを実体に即した名称と呼ぶ（名無固実、約之以命実、約定俗成、謂之実名）」（同上）という独特の、ある意味では近代的な言語観を生み出した。

荀子の制作説は、その性悪説と密接な関係にある。人の本性が悪である以上、規範は外から与えられるほかない。それが礼である。ところで、「人の本性が悪なら、そもそも礼はどこから生じたのか」という問いに対し、荀子は次のように答える。

凡礼義者、是生於聖人之偽、非故生於人之性也。［…］聖人積思慮、習偽故、以生礼義而起法度。

すべて礼義は聖人の作為から生じるのであり、人の本性から生じるのではない。［…］聖人は思慮を積み、作為を重ね、それによって礼義を生み法度を立てた。（『荀子』性悪）

これが聖人による礼の制作ということだが、ここで当然、それでは聖人はどのように作為を起こしたのかと問いたくなる。荀子の考えでは「堯・舜も（暴君の）桀や（大盗賊の）跖《せき》も、その本性は同一である（堯舜之与桀跖、其性一也）」（『荀子』性悪）のだから、聖人といえども何らかの先行する規範を前提とするはずである。

もっとも、『荀子』の議論に潜む循環をあげつらう前に、『荀子』において聖人と規範の関係がどのようなものとして考えられているかを、別の角度から確認しておいた方がよいだろう。『荀子』では人格の完成度を階層的に表現することが好んでなされる。たとえば次のようである。

多言而類、聖人也。少言而法、君子也。多言無法、而流湎然、雖辯、小人也。

多弁で類があれば聖人であり、言葉少なく法に適えば君子であり、多弁だが無法で締まりがなければ、弁が立っても小人である。

（『荀子』非十二子、ただし大略篇の類似句によって文字を改めた）

小人・君子・聖人の三者の間には、弁証法的ともいえるような関係が成り立っている。小人の「多言無法」とは制作の文脈でいえば「妄作」に相当しよう。その意味ではこの小人は狂者に近いところがある。そして君子とは小人の対立概念であるから、「法」に外れたことは言わないという、小人とは正反対の性格が君子に帰せられるのも不思議ではない。ところが聖人に至ると、ふたたび小人のごとく「多言」となり、しかしながらそこに「類」があるため放埒に至らないというのである。

君子と聖人を区別する特徴の一つとして「法」と「類」を挙げることは、『荀子』にしばしば見られる。例をもう一つ示そう。

多言則文而類、終日議其所以、言之千挙万変、其統類一也、是聖人之知也。少言則径而省、論而法、若佚之以縄、是士君子之知也。

多弁で文飾と類推に富み、終日その由来を論じて、言葉は千変万化しても、それを統御する類は一貫している、これが聖人の知である。口数は少なく、直截簡潔であり、議論が法に適い、定規を当てたかのようである、これが士君子の知である。（『荀子』性悪）

「法」という語こそ用いられていないが、非相篇に「前もって考慮せずとも発言すれば的中し、文彩を成して類があり、次々に移り変わり臨機応変で行き詰まることがない（不先慮、不早謀、発之而当、成文而類、居錯遷徙、応変不窮）」のが「聖人の辯」であるのに対し、「士君子の辯」は「前もって熟慮し、おもむろに発言して説得力がある（先慮之、早謀之、斯須之言而足聴）」とされるのも、類似の観点といえる。

また、『荀子』は大儒・雅儒・俗儒・散儒・賤儒・腐儒等、儒者をさまざまに分類する点でも特徴的だが、なかでも雅儒と大儒の区別は、君子と聖人のそれに重なるものと思われる。とりわけ雅儒が、

其言行已有大法矣、明不能斉法教之所不及、聞見之所未至、則知不能類也、知之曰知之、不知曰不知、内不自以誣、外不自以欺、以是尊賢畏法而不敢怠傲。

言行は規範に沿っているが、法の及ばない部分を見通すことはできず、見聞の届かない部分を類推することはできない。知っていることは知っている、知らないことは知らないと言い、自分を欺かず、他人に見栄を張らず、賢者を尊び法を畏れ、怠ることがない。

（『荀子』儒效）

とされるのに対し、大儒は、

倚物怪変、所未嘗聞也、所未嘗見也、卒然起一方、則挙統類而応之、無所儗怎、張法而度之、則晻然若合符節。

奇怪な、聞いたことも見たこともないようなことが突然生じても、それを統御する類を挙げて応じ、滞ることがなく、法を拡張して推し測れば、まるで割り符を合わせたように適中する。

（同上）

とされる。「之を知るを之を知ると為し、知らざるを知らざると為す」（『論語』為政篇）と孔子が説くがごとき姿勢では、せいぜい雅儒に止まるのである。
以上を要するに、〈聖人＝大儒〉に求められているのは「法」を超えることである。つまり、既成の手続きや事前の考慮が一切役に立たない、未知の事態の出現に対し、混乱に陥ることなく、適切に対処することである。しかしそのようなことを可能にする「類」とは、一体何なのか。
儒者である荀子は、弟子の韓非と異なり、「古今異情」説を認めない。

夫妄人曰、古今異情、其以治乱者異道。而衆人惑焉。［…］聖人何以不欺。曰、聖人者、以己度者也。故以人度人、以情度情、以類度類、以説度功、以道観尽、古今一度也。類不悖、雖久同理。故郷乎邪曲而不迷、観乎雑物而不惑。

でたらめな人間が「昔と今では事情が異なるので、それを統治するための方法も異なる」と主張し、凡人はそれに惑う。［…］聖人はなぜ欺かれないのか。聖人とは自身を尺度として推し測る者だからである。人間によって人間を推し測り、感情によって感情を推し測り、同類によって同類を推し測り、言葉によって功績を推し測り、道を把握して万物を尽くせば、古今は同一である。類として異ならなければ、時間を経ても道理は変わらない。だから邪説に会っても迷わず、異物を見ても惑わない。
（『荀子』非相）

「古今は同一」とか「道理は変わらない」とかと言っても、一定不変の法のようなものが想定されているのでないことは明らかである。むしろ変化しつつもそのうちに見出されるある種の類似性が「類」と呼ばれるものであろう。その出発点は聖人の「自身を尺度として推し測る」という所作にある。そうやって聖人は千変万化して已まない古今の事象を次々に「類」の網で掬い取ってゆく。古今は「類」によって緩やかに連なったものとなるのである。

7　周公の評価

『荀子』において、聖人にして大儒であるような人物の典型例は、周公とされる。周公は殷周革命を成功させた兄の武王の死後、幼い成王を助け周王朝の基礎を築いた人物とされ、孔子が理想としたことでも知られる。ただし、その事跡には評価の難しい一面もあった。たとえば、すでに総説(十九頁)でも言及した『墨子《ぼくし》』耕柱篇には、「かつて周公旦《たん》は(兄の)関叔(管叔《かんしゅく》に同じ)を非とし、三公の位を擲ち、東行して商奄《しょうえん》に居した。人々はみな彼を狂と呼んだ(古者周公旦非関叔、辞三公、東処於商蓋、人皆謂之狂)」とある。同時代人の目には周公は聖人どころか狂者と映っていたというのである。『荀子』においても、周公は尋常一般の人格者では済まされない。たとえば儒效篇に次のように説き起こされる一節がある。

客有道曰、孔子曰、周公其盛乎、身貴而愈恭、家富而愈倹、勝敵而愈戒。応之曰、是殆非周公之行、非孔子之言也。

ある客が言った、「孔子は次のように言われた、周公のなんと偉大なことか、身は貴くしていよいよ恭しく、家は富んでいよいよ検しく、敵に勝ってますます戒めた」。これに応えて言う、「それはおそらく周公の行為ではなく、孔子の言葉でもない」。

『論語』泰伯篇に「たとえ周公のような優れた才能があったとしても、傲慢で狭量であれば、その他はかすんでしまう（如有周公之才之美、使驕且吝、其餘不足観也已）」との孔子の言葉が記録されており、また『韓詩外伝《かんしがいでん》』巻八にも、孔子が周公について「恭」「倹」「卑」「畏」「愚」「浅」という六つの「謙徳」を具えていたと称える話が見える。前の一節における「客」の言もその種の伝承に依拠したものであろう。しかし荀子はそれを斥け、後続部分において、周公が武王の死後、その嫡子である成王を抑えて自ら天子の位に就き、南面して諸侯に命令を下したこと、天下を併合し、七十一の諸侯のうち五十三を自身の同族で占めたこと、さらに武王の出征に際しては数々の凶兆にもかかわらず行軍をやめようとせず、紂を伐った後は軍備を解き、音楽を作り、関所を除いたことを挙げ、周公が「恭」「倹」「戒」のいずれでもなかったと主張する。おそらく、周公の器量はそのような窮屈な価値観で計れるものではなく、かえってそうした見方は周公の実像を歪め、その真価を矮小化するものだというのであろう。それでは、その真価はどこにあったというのか。

武王崩、成王幼、周公屏成王而及武王、以属天下、悪天下之倍周也。履天子之籍、聴天下之断、偃然如固有之、而天下不称貪焉。殺管叔、虚殷国、而天下不称戻焉。兼制天下、立七十一国、姫姓独居五十三人、而天下不称偏焉。教誨開導成王、使諭於道而能揜迹於文武、周公帰周、反籍於成王、而天下不輟事周、然而周公北面而朝之。天子也者、不可以少当也、不可以仮摂為也、能則天下帰之、不能則天下去之、是以周公屏成王而及武王、以属天下、悪天下之離周也。成王冠成人、周公帰周反籍焉、明不滅主之義也。周公無天下矣、郷有天下、今無天下、非擅也、成王郷無天下、今有天下、非奪也、変勢次序節然也。故以枝代主而非越也、以弟誅兄而非暴也、君臣易位而非不順也。因天下之和、遂文武之業、明枝主之義、抑亦変化矣、天下厭然猶一也。非聖人莫之能為。夫是之謂大儒之效。

武王が崩じ、成王はまだ幼かった。周公は成王を抑えて武王の後を継ぎ、天下を服属させた。天下が周に背くことを恐れたためである。天子の位に即き、天下の政を断じ、あたかももとより我が物であったかのようであったが、人々は貪欲だとは言わなかった。管叔を殺し、殷の都を廃墟にしたが、人々は残酷だとは言わなかった。天下を併合し、七十一の諸侯を建て、そのうち自身の同族が五十三人を占めたが、人々は不公平だとは言わなかった。成王を教育し、文王・武王の道を継承しうるようにしてから、周公は成王に天子の位を返上した。天下は周を支持し続け、周公は臣下として成王に仕えた。天子とは幼くして担いうるものではないし、仮の立場で務まるものでもない。能力があれば天下は帰服するが、能力がなければ天下は離反する。だから周公が成王を抑えて武王の後を継ぎ、天下を服属させたのは、天下が周に背くことを恐れたためである。また成王が成人すると天子の位を返上したのは、君主を廃さないという徳義を示すためである。周公はかつて天下を保持しており、今は保持していないが、譲ったわけではない。成王はかつて天下を保持しておらず、今は保持しているが、奪ったわけではない。変化の趨勢の次第がぴたりと適合したのである。庶子が嫡子に取って代わっても僭越ではなく、弟が兄を殺しても暴虐ではなく、君臣の地位が転倒しても反逆ではない。天下に調和をもたらし、文王・武王の事業を完遂し、再び嫡庶の別を明らかにした。このように転変しても、天下は落ち着いて何も変わらないかのようであった。聖人でなければなしうることではない。これを大儒の功績という。

（『荀子』儒效）

ここにはすでに触れた王位の簒奪と天下の私物化という二点に加え、自身の野心を疑い反旗を翻した兄管叔の殺害という、今一つの重大な罪が指摘されている。周公が実際に即位したかどうかは漢代に入り『尚書』解釈上の一つの争点となるし、管叔の誅殺についても、たとえば『春秋左氏伝』昭公元年（前五四一）に見える大叔の語に「周公が兄の管叔を殺し弟の蔡叔《さいしゅく》を放逐したのは、決して愛していなかったわけではなく、王室を守るためである（周公殺管叔而蔡蔡叔、夫豈不愛、王室故也）」とある。また『尚書』金縢《きんとう》は周公に疑念を懐いていた成王が、かつて周公が危篤の武王の身代わりになろうと祈禱した際の文書を発見し、周公の忠誠心を知るという内容だし、『詩経』豳風《ひんぷう》「狼跋《ろうばつ》」

の詩もその小序によれば、「周公が摂政であった折、遠くでは四国に流言が起こり、近くでは王もその心を理解していなかった。周の大夫は、周公がそれでもその聖を失わなかったことを称えたのである（周公摂政、遠則四国流言、近則王不知。周大夫美其不失其聖）」との意図から作成されたという。

このように周公を擁護する試みは数多く見られる。上引の『荀子』の一節もその一例ではあるが、一見横暴とも映る上述のような周公の事跡そのものが、かえって周公の聖人たる所以とされているところに、興味深い点がある。それはつまり、きわめて例外的な状況に直面し、きわめて例外的な措置によってそれに対処しえたということである。王位の簒奪や兄弟の殺害は、普通の状況では貪欲さや残酷さの、言い換えれば恣意の表徴だが、今の文脈ではそうではない。それは「変化の趨勢の次第」による、それ以外にはありえない選択として現れる。それゆえ転変を経つつも「天下は落ち着いて何も変わらないかのよう」に推移したのである。思えば、周公の際会したのもまさしく一つの「窮」なる局面であったといえるだろう。「易伝」と『荀子』の思想は必ずしも同質のものではないが、その聖人観には一脈通じるところもあるようである。

8　神、聖、賢

『孟子』尽心下に次のような問答が収められている。

浩生不害問曰、楽正子、何人也。

孟子曰、善人也、信人也。

何謂善。何謂信。

曰、可欲之謂善、有諸已之謂信、充実之謂美、充実而有光輝之謂大、大而化之之謂聖、聖而不可知之之謂神。楽正子、二之中、四之下也。


浩生不害《こうせいふがい》が問うた、「楽正子《がくせいし》とはどのような人ですか」。

孟子「善人であり、信人である」。

「どのようなことを善といい、どのようなことを信というのですか」。

「人に求められることを善といい、それを身につけていることを信といい、さらに充実させることを美といい、充実して光輝が溢れ出すことを大といい、大であって人を感化することを聖といい、聖であって知りえないことを神という。楽正子は前二者のうちには入っているが、後四者よりは下である」。


ここにいう善・信・美・大・聖・神の六つは、やはり人格を評価する基準となっており、後にゆくほど完成度が高いらしい。そのことは楽正子が前二者と後四者の間に位置づけられていることからもわかる。そこで後漢の趙岐《ちょうき》（?―二〇二）の注では、善人・信人に倣い、後四者についても美人・大人・聖人・神人と、「人」の字を附して呼んでいる。

ここで問題となるのは、聖人の上位にさらに神人という等級が設けられていることである。神人といえば普通は神仙のことをいうが、ここはそのようなものではあるまい。しかしいずれにせよ、儒者である孟子が聖人より高次の人格を認めることなどあるのだろうか。そのため、『孟子集注』に引く程子（程頤《ていい》、一〇三三―一一〇七）の説には、ことさら「聖人の上にさらに神人という一等級があるわけではない（非聖人之上又有一等神人也）」と断り、「神」を聖人の属性について述べたものと解釈している。

程子の意図は、人の目指すべき理想として聖人以上のものはないとする点にあるのであって、むろん「神」という言葉から想像されるような超自然的な性格を聖人に附与しようというわけではない。しかし次の例はどうだろうか。

> 儒者論聖人、以為前知千歳、後知万世、有独見之明、独聴之聡、事来則名、不学自知、不問自暁、故称聖則神矣。若蓍亀之知吉凶、蓍草称神、亀称霊矣。賢者才下不能及、智劣不能料、故謂之賢。夫名異則実殊、質同則称鈞、以聖名論之、知聖人卓絶、与賢殊也。

儒者は聖人を論じて次のように言う――千年前の過去、万世後の未来を見通し、人の耳目の及ばぬものを独り察知し、事物が出来すればただちに言い当て、学んだり尋ねたりしなくとも通暁している。ゆえに聖と称するのであり、それはすなわち神である。あたかも筮卜で蓍や亀が吉凶を予知するために、蓍に対して神と称し、亀に対して霊と称するようなものだ。賢者は才能も及ばず、知恵も至らないので賢という。そもそも名称が異なれば実質も異なり、実質が同じならば名称も同じなのであって、聖という名称から見ても、聖人が卓絶した存在で、賢とは異なることがわかる。

これは後漢の王充《おうじゅう》（二七―九一？）『論衡《ろんこう》』実知篇の冒頭部分である。ここにいう「儒者」とは、特に前漢末葉より流行した、図讖《としん》・緯書《いしょ》と呼ばれる、神秘的な予言や経書解釈の書に依拠して立説していた人々を指す。彼らによれば、聖人とはその予知能力に代表されるような人間離れした知恵の持ち主であり、それが「神」ということである。文脈からわかるとおり、ここでの「神」もただちに何らかの実体を指すわけではなく、むしろ人知を超えた霊妙なはたらきというほどの意味である。とはいえ、ここに見られる聖人の描写は、それが賢者とは類を絶するとされていることも含めて、もはや人の域を脱して鬼神に迫るものといえるであろう。

著者の王充はこれに反論して、「聖」と「神」を峻別する。

所謂神者、不学而知、所謂聖者、須学以聖。

いわゆる神とは、学ぶことなしに知るのであり、いわゆる聖とは、学ぶことによってこそ聖となるのである。

そしてさらに「聖は神たりえず、神たりえなければ賢の同類であり、同類であれば知る対象も異なりようがない（聖不能神矣、不能神則賢之党也、同党則所知者無以異也）」と述べ、「聖」と「賢」の間には理解の遅速、知識の多寡などの程度の差があるにすぎないとする。要するに王充は、聖人を賢者の延長上に、言い換えれば人の側に、引き戻そうとするのである。聖人と賢人の違いについては、六朝時代以後、しばしば孔子とその弟子顔回の関係に擬えつつ、盛んに論じられてゆくことになる。そこでは基本的には、ふたたび両者の断絶を強調する立場が主流となるようだが、今しばらく漢代の聖人観に付き合うこととしよう。

9 聖人のしるし

上述のように、王充は「神」であるか否かの区別を、学ばずして知るか学んで知るかの違いに置いていた。これは一見、『論語』季氏篇における「生知」と「学知」、すなわち「生まれながらにして之を知るは上なり、学んで之を知るは次なり」という区別を想起させる。もっとも後者では学んで近づいてゆくことに重点があるのに対し、「神」となるともはや常人には決して追いつけない。聖人が生まれつき常人と類を絶することを示そうとすれば、より見やすい表徴が求められよう。

そのような表徴には主として二種類のものが考えられる。形姿と出生である。たとえば前漢初期の『淮南子《えなんじ》』脩務訓につぎのようにある。

若夫堯眉八彩、九竅通洞、而公正無私、一言而万民斉。舜二瞳子、是謂重明、作事成法、出言成章。禹耳参漏、是謂大通、興利除害、疏河決江。文王四乳、是謂大仁、天下所帰、百姓所親。皋陶馬喙、是謂至信、決獄明白、察於人情。禹生於石。契生於卵。史皇産而能書。羿左臂修而善射。若此九賢者、千歳而一出、猶継踵而生。

（『淮南子』脩務）

堯の眉は八色であり、九竅が通じ合い、公正無私で、一言で民衆を治めた。舜は瞳が二つあり、これを「重明」といい、事を行えば法と成り、言葉を発すれば章を成した。禹は耳の穴が三つあり、これを「大通」といい、利を興し害を除き、河・江を疎通させた。文王は乳が四つあり、これを「大仁」といい、天下が帰順し、万民が親しんだ。皋陶《こうよう》は馬のような唇で、これを「至誠」といい、判決が公正で、真実を見通した。また禹は石から生まれ、契《せつ》は卵から生まれ、史皇《しこう》は生まれてすぐに文字が書け、羿《げい》は左腕が長く弓術に適していた。これら九人の賢者は、千年に一人現れたとしても、なお踵を接して生まれたといってかまわない。

上の引用文中では「九賢」と呼ばれているが、直後の文ではそれが「五聖」「四俊」と言い換えられている。王引之《おういんし》（一七六六―一八三四）によれば、文中、禹への言及が前後で重複しているが、後半の「禹」は「啓」の誤りであり、堯・舜・禹・文王・皋陶が「五聖」、啓・契・史皇・羿が「四俊」に当たるという（本シリーズ『人ならぬもの』一七四頁以下を参照）。

『淮南子』脩務訓の主旨は学問修養の必要性を説くことにあるが、上に引いたくだりは、上文に「学問を待たずして道に合致する者は、堯・舜・文王である（不待学問而合於道者、堯、舜、文王也）」、下文に「五人の聖人における天祐（五聖之天奉）」とあるように、聖人が例外的に人為によらない天与の存在であることを述べるものであり、それを示す表徴として形姿や出生にまつわる特異な伝承が動員されているのである。

ここに描かれた聖人たちの形姿は、本章冒頭に引いた『白虎通』聖人篇にも取り入れられており、そこではより明快に「聖人はみな特異な外見をしている（聖人皆有異表）」と断じて、伏羲・黄帝・顓頊・帝嚳・堯・舜・禹・皋陶・湯・文王・武王・周公・孔子という十三人の聖人（『漢書』古今人表に比べると神農・少昊を欠き、皋陶を加える）における外見上の特徴を歴叙し、「聖人のみ独り未来を見通し、神と精を通じることができるのは、おそらくみな天から生まれたためである（聖人所以能独見前睹、与神通精者、蓋皆天所生也）」とまとめている。これらの説は大概緯書を経由したものと考えられるが、『論衡』実知篇の引く「儒者」の主張との共通性は明らかであろう（ちなみに、『淮南子』に言及のなかった八聖人の特徴を『白虎通』によって示せば、伏羲は額の角および眉の上に骨が連珠のように突き出て、目が大きく鼻骨が張り出しており、黄帝は龍のような額、顓頊は頭上に盾を載せたよう、帝嚳は歯が一枚に連なり、湯は一本の腕に三つの肘、武王は常に遠くを見ており、周公は背中が曲がっており、孔子は頭頂部が凹んでいたという。もちろんこうした聖人の異表には異説がつきもので、たとえば『列子』黄帝篇では庖犧・女媧《じょか》・神農・禹は「蛇身人面、牛首虎鼻」であったとする）。

ただし一点注意しておくと、王充は聖人異表説そのものについては否定していない。たとえば『論衡』骨相篇では黄帝以下の「十二聖」について『白虎通』と同内容の異表を挙げ、彼らがその身に天命を受けたことの証と認めている。王充はその独特の命定論に立って、人にとって変更不可能な身体的特徴を、同じく変更不可能であるはずの命数の反映と見る。そこでは聖人の命数と形姿は、それがいかに特異なものであっても、ただちに常人との断絶を帰結するわけではない。

王充の考え方の背景には、おそらく相人《そうじん》術の伝統があるものと思われる。聖人に限らず、人の徳性や才能、あるいは命数が何らかの身体的特徴として表われるという考え方は、古来広く認められるものである。たとえば『春秋左氏伝』隠公前伝によれば、魯の恵公の夫人となった仲子《ちゅうし》は、もともと宋の武公の娘であり、生まれつき手のひらに「魯」の文があったため、魯に嫁いだという。また同じく文公元年（前六二六）では、魯の大夫の公孫敖《こうそんごう》が、会葬のために周から遣わされた内史の叔服《しゅくふく》に、自分の二子の人相を占わせ、「穀《こく》（文伯）はあなたを供養し、難《なん》（恵叔）はあなたを埋葬するであろう。穀は顎のあたりがふっくらしているので、魯国において子孫が繁栄することであろう（穀也食子、難也収子、穀也豊下，必有後於魯国）」との予言を得ている。

戦国時代には各国で人材獲得競争（「養士の風」）が過熱するなか、才能を見抜くための一つの方法として相人術が流行し、たとえば斉の孟嘗君《もうしょうくん》、魏の信陵君《しんりょうくん》、楚の春申君《しゅんしんくん》と並び食客《しょっかく》三千人を擁したことで有名な趙の平原君趙勝《へいげんくんちょうしょう》は、数百から千人に及ぶ士人を人相により判断し、人物の見極めに失敗したことはないと自負していた。平原君の相人術の一端を示す逸話が『太平御覧《たいへいぎょらん》』巻七二九に遺っている。それは澠池《べんち》の会において秦将武安君《ぶあんくん》（白起《はくき》）の容姿を観察したもので、頭が小さくて尖っているのは果敢な行動力を、白眼と黒目がくっきり分かれているのは判断の確かさを、視線が安定しているのは意志の強さをあらわしているという。だがその平原君も、毛遂《もうすい》の才能を見抜くことができず、二度と人相は見ないと誓うことになる（『史記』平原君列伝）。『荀子』に非相篇があり、かなりの紙幅を割いて相人術の批判に充てていることからも、当時における相人術の流行のほどが思いやられる。

祝平一は『史記』范雎蔡沢《はんしょさいたく》列伝に見える「聖人不相（聖人は人相にかかわらない）」という言葉に着目し、相人術があくまで常識的な範囲内での人相の善し悪しを対象とするのに比べ、聖人の異表はたいてい常人の域を大きく逸脱するものであって、両者は異なる伝統に属するとしている。たしかに上に見たような聖人たちの奇怪な形姿は、むしろ相人術のような評価の枠組を拒むことにより、その比類なさを際立たせるものであろう。ただ、文王が四つの乳をもつことが民に親しまれることの象徴とされ、武王が常に上を向いていることが布陣に長けていることとの象徴とされ、周公が常に下を向いていることが幼主を補佐することとの象徴とされるなど、異表の裏に象徴的な意味を読み取る点には、相人術的な発想の混入も感じられる。

なお、孔子が弟子とはぐれた際に人がその姿を見て「喪家の狗」に譬えたというよく知られた逸話があるが（『史記』孔子世家等）、前漢初期のあるヴァリアントでは、それは姑布子卿《こふしけい》という相人家が孔子の人相を見た折のこととされている。その前段を紹介しよう。

孔子出衛之東門、逆姑布子卿。曰、二三子引車避，有人将来、必相我者也、志之。

姑布子卿亦曰、二三子引車避、有聖人将来。

孔子下歩、姑布子卿迎而視之五十歩、従而望之五十、顧子貢曰、是何為者也。

子貢曰、賜之師也、所謂魯孔丘也。

姑布子卿曰、是魯孔丘歟。吾固聞之。

子貢曰、賜之師何如。

姑布子卿曰、得堯之顙、舜之目、禹之頸、皐陶之喙。従前視之、盎盎乎似有王者、従後視之、高肩弱脊、此惟不及四聖者也。


孔子が衛の東門を出ると向こうから姑布子卿がやって来た。(孔子は)言った、「諸君、道を避けなさい。人が来ます。きっと私の人相を見ることでしょう。それを記憶に留めなさい」。

姑布子卿も言った、「諸君、道を避けなさい、聖人が来ます」。

孔子が馬車を下りて歩くと、姑布子卿は五十歩のあいだ下から見上げ、また五十歩のあいだ上から見下ろし、振り向いて子貢に尋ねた、「これは何者か」。

子貢「我が師です。世に言う魯の孔丘です」。

姑布子卿「これが魯の孔丘か。平素よりよく聞いている」。

子貢「我が師の人相はどうですか」。

姑布子卿「堯の額、舜の目、禹の首、皋陶の口を持つ。前から見れば堂々として王者のようだが、後から見れば聳えた肩に貧弱な背中、そこだけが四聖に敵わない点だ」。

（『韓詩外伝』巻九）

『荀子』非相篇において相人術を批判する際には、歴代の聖人が互いに似ても似つかぬ容貌である点に根拠の一つが置かれていた。しかし、聖人の形姿に一定の共通性を見出そうとする傾向も存したことが窺われる。

このように見てくると、聖人の異表とは両義的なものである。それは聖人を超越的なものにする反面、時にその象徴的解読を通して、聖人を理解可能なものにもするのである。王充が聖人の異表を肯定しつつ、聖人を常人から隔絶した存在とは見なかったのも、あるいはそのためであろうか。

10　天より生まれた者

一方、聖人の異常な出生にまつわる伝承にもさまざまなものがあるが、その骨子は、聖人の母が木の実や鳥の卵を呑んだり、雷や虹や特殊な星を見たり、あるいは巨人を夢に見たり、巨人の足跡を踏んだりした結果懐妊し、聖人を産むというものである。これが、聖人が人間の父からではなく天から生まれたことの証とされる。

王者の先祖はみな天帝の精に感応して生まれたとするいわゆる感生帝説は、後漢の大儒、鄭玄によって体系化されたが、そのもとは『詩経』中の二篇の詩、商頌《しょうしょう》「玄鳥《げんちょう》」と大雅《たいが》「生民《せいみん》」にある。より正確には、漢代の詩経学のうちでも今文学と呼ばれる、斉・魯・韓の三学派によるその解釈に、である。漢代の経書解釈における学説の異同を整理した後漢の許慎（五四？—一二二）『五経異義《ごきょういぎ》』に、『詩経』の斉・魯・韓三家、および『春秋』の公羊《くよう》家の説によれば、聖人はみな父がなく、天に感じて生まれた（詩斉魯韓春秋公羊説、聖人皆無父、感天而生）」（『毛詩正義』大雅「生民」に引く）というのは、そのことである（なお新出の上海博物館蔵戦国楚竹書『子羔《しこう》』にその先蹤とも言うべき説が見える）。

三家の詩説は早くに散逸してしまったが、上述の問題に関しては、幸いにも『史記』に興味深い議論が残っている。『史記』三代世表の末尾には、司馬遷（前一四五—前八六）の死後、前漢の元帝期（前四八—前三三）前後に褚少孫《ちょしょうそん》によって加筆された、いわゆる補論が附されている。この補論は張《ちょう》長安《ちょうあん》の発問を承けて褚少孫が答えるという形式をとるが、実は二人は同門で、ともに魯詩の博士となった人物である（『漢書』儒林王式《おうしき》伝）。その褚少孫の答えのなかに、まさしく件の二篇の詩に関する魯詩説が引用されている。まずは詩の本文を、必要部分に限り、現行の『毛詩』に依拠して示しておこう（魯詩との文字の異同が推定される場合には傍点を附して括弧内に掲示した。なお『毛詩』は今文学と対立する古文学系のテキストであり、その解釈である『毛伝』も感生説を採らない。たとえば「玄鳥」篇の「天命玄鳥」とは燕の飛来する春の時候を示すにすぎず、また「生民」篇の「履帝武敏歆」とは夫たる帝嚳に随従する意であるとして、合理的な解釈を施している。以下では王先謙《おうせんけん》『詩三家義集疏《しさんかぎしゅうそ》』等を参考に試訳を附してある）。

天命玄鳥、降而生商、宅殷土〔殷社〕芒芒。〔…〕

天は燕に命じ、降って商を産ませ、広大な殷の土地に住まわせた。〔…〕（『毛詩』商頌「玄鳥」）

厥初生民、時維〔惟〕姜嫄、生民如何、克禋克祀、以弗〔祓〕無子、履帝武敏歆、攸介攸止、載震載夙、載生載育、時維后稷。

誕彌厥月、先生如達、不拆不副、無菑無害、以赫厥霊、上帝不寧、不康禋祀、居然生子。

誕寘之隘巷、牛羊腓字之、誕寘之平林、会伐平林、誕寘之寒氷、鳥覆翼之、鳥乃去矣、后稷呱矣、実覃実訏、厥声載路。〔…〕

初めに周の民を生んだ者、それは姜嫄《きょうげん》である。どのように民を生んだのか。よく祭祀に勤め、子の無いことを祓い除き、帝の足跡を踏んで歓び、天佑を身に受けた。かくして身ごもり慎み、産み育てた。それが后稷《こうしょく》である。

十月十日が過ぎ、初産は羊の子のように、（胞衣は）破れず、何の障りもなかった。その霊威が明らかであったため、（姜嫄は）上帝に憚り、祭祀の験しを恐れ、密かに子を産んだ。

これを小道に置けば、牛羊は踏まずに慈しみ、これを山林に置こうとすれば、樵夫に出遭い、これを氷上に置けば、鳥は翼で覆った。鳥が飛び去ると、后稷はおぎゃあと泣いた。

座って口を大きく開き、その声は高く響いた。［…］

（『毛詩』大雅「生民」）

次に褚少孫の引く「詩伝」（『詩経』の解釈）を紹介しよう。

詩伝曰、湯之先為契、無父而生。契母与姉妹浴於玄丘水、有燕銜卵墮之。契母得、故含之、誤吞之、即生契。契生而賢、堯立為司徒、姓之曰子氏。子者、茲茲益大也。詩人美而頌之曰、殷社芒芒、天命玄鳥、降而生商。商者、質殷号也。文王之先為后稷、后稷亦無父而生。后稷母為姜嫄、出見大人蹟而履践之、知於身、則生后稷。姜嫄以為無父、賤而棄之道中、牛羊避不践也。抱之山中、山者養之。又捐之大澤、鳥覆席食之。姜嫄怪之、於是知其天子、乃取長之。堯知其賢才、立以為大農、姓之曰姫氏。姫者、本也。詩人美而頌之曰、厥初生民、深修益成、而道后稷之始也。

「詩伝」に次のように言う――殷の湯王の祖先である契《せつ》は父なくして生まれた。契の母が姉妹とともに玄丘の川で沐浴していたとき、燕が卵を銜えてきて落とした。契の母はこれを手に取り、口に含み、誤って飲み込んで契が生まれた。契は生まれながらにして賢く、堯は彼を司徒に登用し、子姓を賜った。「子」とは「ますます盛んになる」という意味である。詩人はこれを称えて「殷の土地の広大なことよ、天は燕に命じ、降って商を生ませた」と詠じた。「商」とは本来の殷の名である。また周の文王の祖先である后稷も父無くして生まれた。后稷の母の姜嫄は外出の折に巨人の足跡を踏んで身籠ったことを覚え、后稷を生んだ。姜嫄が父無し児を道に棄てると、牛や羊は避けて踏まなかった。山中に棄てると、山住の者が育てた。沢に棄てると、鳥が覆いを掛けて餌を与えた。姜嫄は不思議に思い、天の子であるとわかったので、引き取って養育した。堯は后稷の才能を知ると、大農に登用し、姫《き》姓を賜った。「姫」とは「もとい」という意味である。詩人はこれを讃えて「初めに周の民を生んだ者」以下多くの詩句を列ね、后稷の誕生を詠じた。

これらの詩はもともと殷および周の始祖伝説に由来すると考えられ、さまざまな民族の始祖伝説に類似のモチーフが認められることが従来指摘されている。たとえば『後漢書《ごかんじょ》』南蛮西南夷・哀牢夷伝に見える、沙壹《さいつ》という婦人が川で魚を捕っていたところ、沈んでいた木に触れて懐妊し、十人の男の子を産み、後に木が龍に姿を変えて現れると、ひとり龍を恐れなかった末っ子がその王となったという話や、同じく夜郎伝に見える、川で洗濯をしていた女の足の間に太い竹が流れ込み、なかから声がするので割ると男の子が現れ、後に夜郎侯となり、竹を姓としたという話など。『魏《ぎ》書《しょ》』高句麗伝に載せる高句麗の始祖、朱蒙《しゅもう》の出生伝説にも似たところがある。

実際、二篇の詩に詠われているのはあくまで契と后稷であって、二人の子孫に湯（あるいは孔子も含めてよいかもしれない）、および文王・武王・周公などの聖人が出たとはいえ、最初の二人自身は普通聖人とは見なされない。前に引用した『淮南子』脩務訓の一節にも契が卵から生まれたとの記載があったが、契は「四俊」の一人に数えられ、聖人の列には入っていなかった。

それが聖人一般に拡大されるに当たっては、例によって緯書の与るところが大きい。そこでは、伏羲は巨人の足跡を踏んで生まれ、神農は龍頭の神に感じて生まれ、黄帝は北斗七星の柄に絡みつくように光る稲妻（一説に虹）に感じて生まれ、顓頊は月を虹のように貫いて輝く星に感じて生まれ、等々（『詩含神霧』）、歴代の聖人（ないし王者）に軒並み感生説話が結びつけられ、聖人を神秘化するための表徴とされている。

11　聖人の神秘化

ところで、褚少孫がこのような補論を『史記』に加えたのはなぜかと言うと、『史記』では殷および周の始祖について、二通りの相反する（ように見える）説明を行っているからである。そのことは補論冒頭の張長安の発問からも窺うことができる。

張夫子問褚先生曰、詩言契后稷皆無父而生。今案諸伝記咸言有父、父皆黄帝子也、得無与詩謬乎。

張先生が褚先生に尋ねた、「『詩経』によれば契と后稷はともに父なくして生まれたという。

ところが諸々の「伝」や「記」にはみな父がいたと言い、父はともに黄帝の子孫とされる。『詩経』と矛盾するのではないか」。

『史記』のうち殷本紀および周本紀には、褚少孫の引く「詩伝」とよく似た内容の始祖伝説が記載されている。ところが三代世表では、契と后稷はともに黄帝の曾孫である帝嚳の子とされる。司馬遷は三代世表を「五帝繫諜」などの文献に依拠して作成したというが（三代世表序）、それは今『大戴礼』に収める五帝徳《ごていとく》・帝繫《ていけい》といった篇に相当するらしく（司馬貞「索隠《さくいん》」）、実際、現行の帝繫篇にも黄帝の曾孫を帝嚳とし、帝嚳と上妃姜嫄との子を后稷、次妃簡狄《かんてき》との子を契とする系譜が描かれている。同様の説は『世本』の逸文などにも見える。つまり『史記』は相異なる伝承に拠りつつ両論併記の態度をとっているのである。

これに対する褚少孫の答えは、いささか明瞭を欠くが、要は折衷案ということになろう。

褚先生曰、不然。詩言契生於卵、后稷人跡者、欲見其有天命精誠之意耳。鬼神不能自成、須人而生、柰何無父而生乎。一言有父、一言無父、信以伝信、疑以伝疑、故両言之。

褚先生は言った、「そうではない。『詩経』に契は燕の卵から生まれ、后稷は巨人の足跡から生まれたと言うのは、そこに天命の精妙至誠な作用があることを示そうとしたからにほかならない。鬼神は自ら成ることはできず、必ず人に託して生まれる。どうして父なくして生まれるなどということがあろうか。一方では父があると言い、他方では父がないと言うのは、信ずべきことは信ずべきこととして伝え、疑わしきことは疑わしきこととして伝えるために、両説を併記したのである」。

後に鄭玄も『駁《ばく》五《ご》経《きょう》異《い》義《ぎ》』において「感生であれば父はいなくてよいとか、父がいる以上は感生ではないとか言うのは、みな片面的な議論である（諸言感生得無父、有父則不感生、此皆偏見之説也）」と言い、感生により子を産んだ母に人間の夫がいても何ら矛盾はないと主張する（「生民」正義に引く）。しかし両立が可能であればはじめから問題にならないはずで、おそらくもともとの伝承は処女懐胎説話であり、二人の母は未婚であったのだろう。

しかし、褚少孫の補論にはさらにまた別の含意が認められる。

舜、禹、契、后稷皆黄帝子孫也。黄帝策天命而治天下、徳沢深後世、故其子孫皆復立為天子、是天之報有徳也。人不知、以為氾従布衣匹夫起耳。夫布衣匹夫安能無故而起王天下乎。其有天命然。

舜・禹・契・后稷はみな黄帝の子孫である。黄帝は天命を受けて天下を治め、後世に多大な恩恵をもたらしたので、子孫はみな天子となった。これは天がその徳に報いたのである。人はそのことを知らず、民間から突然崛起したと思っているが、どうして庶民が理由もなく天子となることがあろうか。天命によるのである。

舜と禹はいずれも民間から登用され、禅譲を受けて天子の位に即いたとされる。両者は「匹夫にして天下を有《たも》つ者」であり、それは「天が与えた」のだと言われる（『孟子』万章上）。しかし、『史記』三代世表や『大戴礼』帝繋篇ではやはり、両者はともに黄帝の孫である顓頊の子孫ということになっている。そこで褚少孫は、舜や禹の天命はその世系に由来するのであり、民間から一代で天子に至ることなどありえないと主張する。

ところで、布衣《ふい》匹夫から身を起こし天子にまで昇った者といえば、まず想起されるのは、ほかならぬ漢の高祖劉邦《りゅうほう》ではないか。『史記』によれば、劉邦自身「吾れ布衣を以て三尺の剣を提《ひっさ》げて天下を取る、此れ天命に非ずや」（高祖本紀）といった類の発言を一度ならずしているし、その出生についても、以下のような神秘譚が遺っている。

其先劉媼嘗息大沢之陂、夢与神遇。是時雷電晦冥、太公往視、則見蛟龍於其上。已而有身、遂産高祖。

もともと〔母の〕劉媼《りゅうおん》が大沢の土手で休んでいた折、夢に神と出会った。このとき、雷鳴と稲妻が起こって辺りは暗くなり、〔父の〕太公が行くと、劉媼のうえに蛟龍の姿が見えた。間もなく懐妊し、高祖を産んだ。（同上）

仮に褚少孫の主張を適用するなら、劉邦も決して突然民間から崛起したのではなく、古の聖王の血筋を引く者でなければならないだろう。実際、『漢書』に載せる昭帝元鳳三年（前七八）の眭弘《すいこう》の上書中に「漢家堯後（漢室は堯の後裔）」との語が見える（眭弘伝）。この「漢堯後説」は前漢末葉より図讖において盛んに喧伝され、また図讖に対し批判的と言われる古文学派においても、『左伝』中の断片的な記載にその根拠が求められてゆくことになる。

後漢初頭の不安定な政情のなか、かつての前漢の興起を、蒯通《かいとう》の言葉を借りて「秦が逃がした鹿を劉邦が追いかけて捕まえた（昔秦失其鹿、劉季逐而掎之）」にすぎないと言い放つ隗囂《かいごう》に触発され、班固の父である班彪《はんぴょう》（三―五四）は「王命論」を著す。

是故劉氏承堯之祚、氏族之世、著乎春秋。唐拠火徳、而漢紹之、始起沛沢、則神母夜号、以章赤帝之符。〔…〕未見運世無本、功徳不紀、而得屈起在此位者也。世俗見高祖興於布衣、不達其故、以為適遭暴乱、得奮其剣、游説之士至比天下於逐鹿、幸捷而得之。不知神器有命、不可以智力求也。

ゆえに劉氏は堯より天子の地位を受け継いだのであり、世系は『春秋』〔左氏伝〕に明記されている。〔堯の王朝である〕唐は〔五行の〕火徳に拠り、漢はそれを引き継いだ。初め〔高祖が〕沛沢に兵を起こした際、〔白帝の子である大蛇を切ったため〕神母が夜に泣いて、赤帝の兆しを明らかにした。［…］世系や五行の運行に根拠を持たず、功徳も記されていないのに、崛起して天子の位に昇った者などあったためしがない。世俗は高祖が布衣より興ったのを見て、その原因を理解できず、たまたま乱世に出くわして剣を振う機会を得たと考え、〔蒯通のような〕游説の士は天下を鹿狩りに譬え、幸いにうまく追いつけば手に入るとさえ言い放った。天子の地位は天命によるものであり、知恵や実力で求めることはできないということを知らないのである。

さらに班彪は高祖の興起した原因として、（一）帝堯の末裔であること、（二）容姿が奇異であること、（三）神武により瑞応を得たこと、（四）寛容で仁徳があること、（五）人材を見抜いて任用したこと（一日帝堯之苗裔、二日体貌多奇異、三日神武有徴応、四日寛明而仁恕、五日知人善任使）の五つを挙げる。（四）（五）に示される「仁」「智」なる資質にもまして、世系・異表・瑞応といった要素が重視されていることは注目に値する。

どうやら聖人の神秘化は漢王朝の正統化と手を携えて進行したようである。王朝支配の正当化には受命の証が必要だが、それは異表や感生として王者個人の身の上に求められるばかりでなく、古帝王の世系のうちに位置づけられることも必要とされた。異表・感生・世系という三要素はそれぞれ異なる伝統に由来するかもしれないが、漢代の政治状況のなかで一炉に溶け合い、超越的な聖人像の形成を支えたと考えられる。

12　心の七つの穴

ところで、聖人の身体的特徴といえば、殷の比干《ひかん》にまつわるエピソードは最も有名なものの一つであろう。その内容はすでに総説（十二頁）でも簡単に紹介したが、比干は殷の最後の王、紂の伯父であり、紂の無道を諫めたところ、怒った紂は「聖人の心には七つの穴があると聞いている（吾聞聖人心有七竅）」と言い、比干の胸を切り裂いてその心臓を見たとされる（『史記』殷本紀および宋世家）。

なぜ聖人の心に七つの穴が開いているのだろうか。前にも述べたように、この種の異表は常人との隔絶性を強調することに眼目があるのであって、その意味を穿鑿することはさして生産的ではないかもしれない。この話は『尚書』では泰誓《たいせい》下に「朝渉の脛を斮《き》り、賢人の心を剖く」と見える。泰誓は魏晋期に偽撰されたいわゆる偽古文であり、この句も『春秋繁露《しゅんじゅうばんろ》』『賈誼新書《かぎしんじょ》』『淮南子』といった前漢時代の文献から捃採《くんさい》したものだが、この句に附された偽孔安国伝には「（紂は）冬の朝に川を渉る者を見ると、その脛が寒さに耐えうるものと考え、切断して観察し、また比干が忠告すると、その心が人と異なるものと考え、抉り出して観察した。いずれも残酷の極みである（冬月見朝渉水者、謂其脛耐寒、斬而視之。比干忠諫、謂其心異於人、剖而観之、酷虐之甚）と言う。健脚の者の卓越性が足に存するのと同様、聖人の卓越性は心に存するのであり、それを誇張したものが七つの穴なのであろう。
とはいえ、「心」と「七竅」という組み合わせにはいささか気になるところもある。辞書を引けばわかるとおり、「七竅」という言葉は普通、両目、両耳、両鼻孔、および口という、人の頭部にある七つの穴を指す。それらは人にとって外界への窓といえる。「七竅」と聞いてまず想起されるのは、有名な『荘子』の渾沌《こんとん》説話である。

南海之帝為儵、北海之帝為忽、中央之帝為渾沌。儵与忽時相与遇於渾沌之地、渾沌待之甚善。儵与忽謀報渾沌之徳、曰、人皆有七竅、以視聴食息、此独無有、嘗試鑿之。日鑿一竅、七日而渾沌死。

南海の神を儵《しゅく》といい、北海の神を忽《こつ》といい、中央の神を渾沌といった。儵と忽はしばしば渾沌の土地で会い、渾沌は二人を鄭重にもてなした。儵と忽は渾沌に恩返しをしようと相談した、「人にはみな七つの穴があって、それで見たり聞いたり食べたり息をしたりできるのに、彼だけがない。穴を開けてあげよう」。毎日一つずつ穴を開けていったところ、七日目に渾沌は死んでしまった。

（『荘子』応帝王）

人は「七竅」を通して外界を知覚し、有用なものを取り込む。それがもたらすのは秩序や価値、明晰性や利便性であり、渾沌の反対物である。兪正燮《せいしょう》（一七七五—一八四〇）は、人の頭部にある

「七竅」と聖人の心にある「七竅」とは「内外相応」の関係にあるのではないかという（『癸巳存稿《きしそんこう》』巻七）。聖人の心に直接「七竅」が穿たれていることは、その一点の曇りすらもない透徹した認識能力を象徴するのであろうか。

「七竅」は、下半身の二穴をも加えて「九竅」と呼ばれる場合もある。それが人体を外界へと開く通路のすべてである。堯の異表の一つに「九竅通洞」が挙げられることも、すでに見た（一〇七頁）。この「九竅」の機能が心の状態と密接な関係をもつという考え方がある。

心之在体、君之位也。九竅之有職、官之分也。心処其道、九竅循理。嗜欲充益、目不見色、耳不聞声。

心の身体における在り方は、君主の地位と同様である。また九つの穴にそれぞれ機能が定まっているのは、百官にそれぞれ職分が定まっているのと同様である。心が虚無の道を守っていれば、九つの穴は理に順ってはたらくが、欲が充満していると、目にも色が見えず、耳にも声が聞こえない。（『管子《かんし》』心術上）

欲が心を満たしていると、「九竅」の機能は妨げられる。「九竅」を正常に働かせるには、心は空虚でなければならない。とはいえ一方では、「七竅」を通じて受容される色・声・香・味こそが心中の欲を醸成するとも言えよう。「七竅」によって認識された、善悪・美醜・是非などに彩られたこの世界自体が、すでに欲や好悪の情によって汚染されているかもしれない。とすれば、聖人の知は「七竅」を研ぎ澄ますことよってではなく、逆にそれを遮断したり、あるいは別の仕方で働かせたりすることによってこそ到達されるとの考え方も成り立とう。いわば渾沌へ回帰する道である。

こうした考え方は道家系の聖人観にしばしば認められるが、ここでは『列子《れっし》』仲尼《ちゅうじ》篇から一つの寓話を紹介したい。『列子』という書名は漢代の図書目録である『漢書』藝文志にも見えるが、現行の『列子』はそれと同じものではなく、魏晋期に整理されたものと考えられている。

陳大夫聘魯、私見叔孫氏。
叔孫曰「吾国有聖人」。
曰「非孔丘邪」。
曰「是也」。
「何以知其聖乎」。
叔孫氏曰「吾常聞之顔回曰、孔丘能廃心而用形」。
陳大夫曰「吾国亦有聖人、子弗知乎」。
曰「聖人孰謂」。
曰「老聃之弟子有亢倉子者、得聃之道、能以耳視而目聴」。
魯侯聞之大驚、使上卿厚礼而致之。亢倉子応聘而至、魯侯卑辞請問之。
亢倉子曰「伝之者妄。我能視聴不用耳目、不能易耳目之用」。

魯侯曰「此増異矣。其道奈何。寡人終願聞之」。

亢倉子曰「我体合於心、心合於気、気合於神、神合於無。其有介然之有、唯然之音、雖遠在八荒之外、近在眉睫之内、来干我者、我必知之。乃不知是我七孔四支之所覚、心腹六蔵之所知、其自知而已矣」。

魯侯大悦。他日以告仲尼、仲尼笑而不答。


陳国の大夫が魯国に招かれた折、個人的に（魯国の大夫の）叔孫氏と会見した。

叔孫氏は言った、「わが国には聖人がおります」。

陳大夫「それは孔丘のことではありませんか」。

叔孫氏「そうです」。

陳大夫「どうして彼が聖人だとわかるのです」。

叔孫氏「（孔丘の弟子の）顔回《がんかい》から聞いたところでは、孔丘《こうきゅう》は心を廃して身体を用いることができるそうです」。

陳大夫「わが国にも聖人がおりますが、ご存じありませんか」。

叔孫氏「どなたですか」。

陳大夫「老聃《ろうたん》の弟子に亢倉子《こうそうし》という者がおり、老聃の道を会得して、耳によって視、目によって聴くことができます」。

魯国の君主はこの話を聞くと大いに驚き、大臣を派遣して厚い礼をもって迎えた。亢倉子が到着すると、魯国の君主はへりくだって教えを請うた。

亢倉子は言った、「事実が誤って伝わったようです。私はただ耳目を用いずに視たり聴いたりできるだけで、耳目の機能を交換することはできません」。

魯君「それはいよいよ不思議です。どのような方法でしょうか。是非ともお聞かせ願いたい」。

亢倉子「私は体が心に合し、心が気に合し、氣が精神に合し、精神が無に合しています。どんな小さな物も、かすかな音も、たとえそれが世界の果てにあろうと、目と鼻の先にあろうと、私にかかわるものであれば必ずそれに気づきます。七つの穴や四本の手足が知るのか、心や腹や内蔵が知るのかわかりません。ただ自然に気づくだけです」。

魯国の君主は大いに喜んだ。他日、このことを孔子に語ったところ、孔子はただ笑うばかりで答えなかった。


ここには聖人孔子に対抗して、老子の弟子でやはり聖人と評判の亢倉子が登場する。孔子の「心を廃して身体を用いる」という能力も奇異だが、対して亢倉子は「耳目を用いずに視たり聴いたりできる」という。しかも念入りなことに、彼は「耳によって視、目によって聴く」という世人の己に対する誤解をわざわざ訂正している。たしかに常人からすれば、その両者に一体どのような違いがあるのか、ほとんど理解しかねよう。物理的な距離を無視してはたらく亢倉子の鋭敏な知覚は、彼が世界と特殊な関係に入っていることを示すが、それはおそらく「七孔四支」「心腹六蔵」のいずれによってもたらされるものでもない。

さらに同じ『列子』仲尼篇には、比干の七竅説話に想を得たと思われる、今一つの寓話が収められている。


龍叔謂文摯曰、子之術微矣。吾有疾、子能已乎。

文摯曰、唯命所聴。然先言子所病之証。

龍叔曰、吾郷誉不以為栄、国毀不以為辱。得而不喜、失而弗憂。視生如死、視富如貧、視人如豕、視吾如人。処吾之家、如逆旅之舍。観吾之郷、如戎蛮之国。凡此衆疾、爵賞不能勧、刑罰不能威、盛衰利害不能易、哀楽不能移。固不可事国君、交親友、御妻子、制僕隷。此奚疾哉。奚方能已之乎。

文摯乃命龍叔背明而立。文摯自後向明而望之、既而曰、嘻、吾見子之心矣。方寸之地虚矣。幾聖人也。子心六孔流通、一孔不達。今以聖智為疾者、或由此乎。非吾浅術所能已也。


龍叔が文摯《ぶんし》に言った、「あなたの医術は精妙なものと聞いています。私には病がありますが、治すことはできますか」。

文摯「承知しました。まずはどのような症状かお聞かせください」。

龍叔「私は村じゅうの者に褒められても名誉と感じず、国じゅうの者に貶されても恥辱と感じません。得をしても嬉しくなく、損をしても悲しくありません。生者を見ても死者のように、富者を見ても貧者のように、人を見ても豚のように、自分を見ても他人のように感じます。自分の家にいても異郷の宿にいるようであり、自分の村にいても異民族の国にいるようです。すべてこれらの病は、褒美によっても導くことができず、刑罰によっても禁じることができず、利害や哀楽によっても変えることができません。ですから当然、君主に仕えることも、親類や友人と交わることも、妻子を治めることも、下僕を用いることもできません。これは何という病ですか。どうすれば治すことができますか」。

文摯はそこで龍叔に明かりを背にして立つよう命じ、前から凝視していたが、間もなく言った、「おお、私にはあなたの心が見えました。一寸四方ばかりの場所がすっかり空っぽです。ほとんど聖人です。あなたの心の六つの穴は通じていますが、一つの穴だけ塞がっています。聖人の智恵を病と勘違いなさったのは、そのためではないでしょうか。これは私の未熟な医術ではどうすることもできません」。

龍叔は栄辱・利害・貴賤・貧富・美醜・生死・自他といった区別ができず、そのため普通の社会生活を営むことができない。そこで病ではないかと思い煩うが、実はその知恵は聖人にあと一歩のところまで接近している。心臓の六つの穴がそのことを示している。ただ一穴のみが塞がっていたために、最後の一線で俗見を脱することができず、かえって自分の方が異常だと考えてしまったのである。もし七穴すべてが開通していたなら、その混沌たる世界のうちにすっかり自足していたにちがいない。ここでは心の穴は「虚」の象徴である。しかしこの「虚」は頭部の「七竅」を正常にはたらかせるよりは、むしろ別の世界を開くものである。それは道家の思想家たちが「真」と呼ぶ世界であり、この世界に遊ぶ聖人はまた「真人」と称することもできる。しかしこの先はもはや次章において論じられるべき問題であろう。

13　聖人は知りうるか

聖人が常人から隔絶した存在であるなら、常人は聖人を理解することができるのだろうか。そもそも理解する必要があるのだろうか。これまでも度々取り上げた『白虎通』聖人篇に「知聖」と名づける一章があり、次のように説き起こす。

聖人未没時、寧知其聖乎。曰、知之。

「聖人がまだ没しないとき、いったいその人が聖であるとわかるだろうか」。答え「わかる」。そしてその根拠として、本章冒頭でも言及した『論語』子罕篇に見える大宰・子貢・孔子のやりとりを挙げている。『白虎通』がこのような章を設けた意図は正確には知りがたいが、当時、ある人が聖人であることをその同時代において知りうるかどうかが、一つの問題として意識されていたとわかる。とりわけ孔子は聖人でありながら生前それに相応しい処遇を受けなかった。これは普通には時機に遇わなかったためと説明されるが、そもそもその教えが一般性に欠けていたと主張する者もいた。

仲尼、天下聖人也。修行明道以遊海内、海内説其仁、美其義、而為服役者七十人。蓋貴仁者寡、能義者難也。故以天下之大、而為服役者七十人、而仁義者一人。

（『韓非子』五蠹）

孔子は天下の聖人である。行いを修め道を明らかにして、世界中を遊説して回り、世界中の人々がその仁を喜び、その義を称えたが、彼に附き従う者は七十人であった。それというのも、仁を貴ぶ者は少なく、義に堪えうる者は得がたいからであろう。だから天下の広さをもってしても、附き従う者は七十人、そして仁義を体得したものは一人にとどまったのだ。

孔子の教えを受け身の立場で歓迎し賞賛する者は多かったが、それを真に理解し自ら関与しようとする者はほとんどいなかったのである。同じ『韓非子』五蠹篇にはまた、

且世之所謂賢者、貞信之行也。所謂智者、微妙之言也。微妙之言、上智之所難知也。今為

衆人法而以上智之所難知、則民無従識之矣。故糟糠不飽者不務粱肉、短褐不完者不待文黼。

世に言う「賢」とは誠実な行為のことであり、「智」とは奥深い言葉のことである。奥深い言葉はこのうえない智者でさえ知りがたい。大勢のための法とするのに、智者でさえ知りがたいものを用いても、民には取り附く島がない。粗末な食事にも事欠く者は上等の肉や米など求めないし、寸足らずの衣服すら持たない者は綺麗な刺繍など気にかけない。

と、「賢」や「智」ですら人々の日常から乖離しているさまを難じている。

聖人の教えが少数者にしか理解されないという考え方は、道家系の思想家にも認められる。道家の聖人は「微妙之言」どころか「不言之教」（『老子』第二章）を行う者である。前漢初期に編纂された『淮南子』は、道家の思想を土台としつつ、二十篇の整然たる構成のうちに天地万物古今の事象を総覧しようとした画期的な書物だが、その序文に相当する「要略」には、自身の饒舌ぶりに対する弁明ともいうべき文言が列ねられている。

今専言道、則無不在焉、然而能得本知末者、其唯聖人也。今学者無聖人之才、而不為詳説、則終身顚頓乎混溟之中、而不知覚寤乎昭明之術矣。〔…〕今謂之道則多、謂之物則少、謂之術則博、謂之事則浅。推之以論、則無可言者。所以為学者、固欲致之不言而已也。

もっぱら「道」について論じれば、そのうちに含まれないものなどない。しかし根本を得ただけで末端まで知ることができるのは聖人のみである。今、学習者に聖人の才がない以上、詳説してやらなければ、一生涯暗闇のなかをのたうちまわり、明らかな術に目覚めることを知らないだろう。[…]それを「道」と呼ぶには多きに過ぎ、「物」と呼ぶには少なきに過ぎ、「術」と呼ぶには博きに過ぎ、「事」と呼ぶには浅きに過ぎる。突き詰めて論じれば、言いようのないものである。学問をするのは、もとより不言に到達するためである。(『淮南子』要略)

聖人どうしであれば「道」を伝えるのに多言は要しまい。しかし現実の学習者は聖人ではないから、くどくどと詳説せざるをえない。しかしそのように詳説した時点で、すでに本来の「道」を捉え損なっているのである。「聖人の才」という言葉は『荘子』大宗師篇にも見える。


南伯子葵問乎女偊曰、子之年長矣、而色若孺子、何也。

曰、吾聞道矣。

南伯子葵曰、道可得学邪。

曰、悪。悪可。子非其人也。夫卜梁倚有聖人之才、而無聖人之道、我有聖人之道、而無聖人之才、吾欲以教之、庶幾其果為聖人乎。不然、以聖人之道告聖人之才、亦易矣。


南伯子葵《なんぱくしき》が女偊《じょう》に尋ねた、「あなたはお年を召しているのに容貌は子供のようです。なぜでしょう」。

「私は道を聞いたのです」。

南伯子葵「道は学ぶことができますか」。

「おお、どうして学ぶことができましょう。あなたはその人ではありません。かの卜梁倚《ぼくりょうき》には聖人の才はあるものの聖人の道はありませんでした。私には聖人の道はあるものの聖人の才はありませんでした。そこで私は彼に教えようと思いました。そうすれば彼は聖人となれるだろうと考えたのです。たとえそうでなくても、聖人の道によって聖人の才を教えるのは容易いことです」。

（『荘子』大宗師）

方や「聖人の才」を持ちながら「聖人の道」を知らず、方や「聖人の道」を知りながら「聖人の才」を持たないというのも不思議な話だが、ともあれ「聖人の道」を授けうるのは「聖人の才」を持つ者に対してのみという考え方が示されている。

ところで、本章の初めに挙げた『白虎通』が問題としていたのは、聖人かどうかを知ることであって、聖人とは何かを知ることではない。実は、聖人の何たるかを知らなくても、ある人が聖人であるか否かを知ることはできるとする考え方も存在した。前漢初期の詩経学者、韓嬰《かんえい》の『韓詩外伝』に収められた一場の問答を紹介しよう。

斉景公問子貢曰、先生何師。

対曰、魯仲尼。

曰、仲尼賢乎。

曰、聖人也，豈直賢哉。

景公嘻然而笑曰、其聖何如。

子貢曰、不知也。

景公悖然作色曰、始言聖人、今言不知、何也。

子貢曰、臣終身戴天、不知天之高也。終身践地、不知地之厚也。若臣之事仲尼、譬猶渴操壺杓、就江海而飲之、腹満而去、又安知江海之深乎。


斉の景公が子貢に尋ねた、「先生はどちらで学ばれましたか」。答えていう、「魯の仲尼です」。

「仲尼は賢者ですか」。

「聖人です。単なる賢者にとどまりましょうか」。

景公は満足そうに笑って、「どのように聖なのですか」。

子貢「知りません」。

景公はむっと顔色を変えて、「前には聖人だと言っておきながら、今になって知らないとはどういうことですか」。

子貢「私は終生頭上に天を戴いておりますが、天の高さを知りません。また終生脚下に地を踏んでおりますが、地の厚さを知りません。私が仲尼に事えたのは、譬えて言えば、喉が渇いたので壺と柄杓を携えて大きな川や海へと赴き、水を飲んで、腹が満杯になって帰ってきたようなものです。どうして川や海の深さを知りえましょう」。（『韓詩外伝』巻八）

たしかに、「聖人とはこのようなものだ」と説明できるようでは、高の知れたもので、かえって聖人に似つかわしくなかろう。逆に、いくら頭で「聖人とはこのようなものだ」とわかったつもりでいても、実際に聖人が目の前にいるのに気づかず見過ごしてしまったり、あるいは似而非聖人の正体を見抜けず騙されてしまったりということもあろう。つまり、聖人に対しては、「知ること」より「気づくこと」が肝心なのである。

興味深いことには、そのような「気づく」能力の側が「聖」と呼ばれる場合もあるという。本章冒頭にも言及した『五行』の、「経」と呼ばれる部分（この部分は戦国時代の郭店《かくてん》楚墓からも出土している）に、「君子の道を聞くことが「聡」であり、聞いて知ることが「聖」である（聞君子道、聡也、聞而知之、聖也）」とあり、その解説に相当する「説」に、「人と同じように聞いていながら、自分だけはっと驚いて君子の道に気づくことが、「聡」である（同之聞也、独色然辨於君子道、聡也）」とある。ここでの対象は聖人ではなく「君子の道」だが、やはり「知る」前に「気づく」ものとされる。そして、末永高康の言うように、「気づいた」後で「知る」以上、それは当然知識として知ることではなく、「気づくことの極限に位置付けられるような」、内的な「覚醒の過程」であると考えられる。そのような意味での「知る力」が「聖」と呼ばれているのである。

ついで、前漢初期の春秋学者、董仲舒《とうちゅうじょ》（前一七六?—前一〇四）の『春秋繁露』より一節を引用したい。

天地神明之心、与人事成敗之真、固莫之能見也。唯聖人能見之。聖人者、見人之所不見者也。故聖人之言亦可畏也。奈何如廃郊礼。郊礼者、人所最甚重也、廃聖人所最甚重、而吉凶利害在於冥冥不可得見之中、雖已多受其病、何従知之。故曰、問聖人者、問其所為、而無問其所以為也。問其所以為、終弗能見、不如勿問。問為而為之、所不為而勿為、是与聖人同実也。何過之有。

天地神明の本心と人間社会の興廃の真実とは、普通の人は知ることができない。聖人だけがそれを知ることができる。聖人とは、人の知り得ないことを知る者である。ゆえに「聖人の言葉を畏れる」（『論語』季氏）というのだ。なぜ郊礼を廃止することができよう。郊礼は聖人の最も重んずるところ、それを廃止して、吉凶利害が不可知の闇のうちに沈んでしまえば、咎を受けても知る術がない。ゆえに「聖人に問う者は、何をしたかを問うのであり、なぜそうしたかは問わない」というのだ。なぜそうしたかを問うても、結局のところ知ることはできず、問わない方がましである。何をしたかを問うてそれをするようにし、何をしなかったかを問うてそれをしないようにするなら、聖人と実質的に同一となる。何を過つことがあろう。

（『春秋繁露』郊語）

「なぜ」などと疑問を持たず、ただ黙々と聖人の所作を模倣せよという要求は、人を主体的な判断能力を欠いたロボット同様に扱うものと非難されもしよう。あるいは『論語』泰伯篇の有名な「民は従わせることはできるが、理解させることはできない（民可使由之、不可使知之）」という言葉が想起されるかもしれない。もっとも、上の引用箇所は「郊礼」という祭礼の存廃をめぐる議論であり、同じ『論語』でもむしろ「告朔《こくさく》の餼羊《きよう》」の話に通じるところがある。

子貢欲去告朔之餼羊。子曰、賜也、爾愛其羊、我愛其礼。

子貢が告朔の礼に供える羊を除こうとした。先生が言われた、「賜《し》よ、お前は羊を惜しむが、私は礼を惜しむ」。（『論語』八佾《はちいつ》）

旧注によれば、礼制においては、君主は各月の初めに祖廟で告朔の礼を行い、朔日を報告することになっていたが、魯では文公以来告朔の礼は行われず、ただ慣例的に犠牲の羊だけが献上されていた。そこで子貢はその羊を除こうとしたのだという。

さて、儀式や慣習のうちにはその由来の知られないものも多い。しかし、ただ無駄だからとか浪費だからとかの理由でただちにそれを廃止してもよいものだろうか。それは底の浅い合理主義というものではないか。局限されたものでしかない自身の判断基準を過信した思い上がりではないか。

董仲舒は、それを聖人に対する畏れの欠如と捉える。聖人に「なぜそうしたか」を問うことがかえって有害であるのは、そう問うたところで、結局自身の身の丈に合った理由を自身で紡ぎ出すのが関の山で、聖人の心を偽るだけだからである。それではかえって聖人への通路を閉ざすことになる。

上の議論における興味深い逆説は、聖人は知ることはできないが成ることはできるという点であろう。ただ聖人の為したことを為し、為さなかったことは為さず、そのように己の身体を馴化させてゆくことが、聖人へと近づく道だという。今の文脈ではそれは礼（「旧章」）に沿って行動するということになろうが、その際、いちいちこの行動の意味は何かと穿鑿することは、かえって妨げとなる。それはある種の技術の習得に似た過程といえるかもしれない。

劉歆の「移書譲太常博士」（『漢書』楚元王附劉歆伝に載せる）に、『漢書』藝文志序の冒頭の句としても知られる、「夫子が没して精妙な言葉は断絶し、七十弟子が亡くなって根本の意義も分裂した（夫子没而微言絶、七十子終而大義乖）」という言葉がある（『漢書』藝文志では「夫子」を「仲尼」に、「終」を「喪」に作る）。この書簡は当時学官から閉め出されていた古文経伝の価値をアピールすることに狙いがあり、上引の句も為にする言との嫌いなしとはしない。ただ、それは案外、漢代の知識人の心に潜む喪失感に訴えかけるものをもっていたのではないか。『荘子』天運篇に、老子が孔子に語ったこととして「六経は先王の古い痕跡であり、痕跡を残した所以ではない（夫六経、先王之陳跡也、豈其所以跡哉）」と見える。漢代の経師たちにはもはやその「所以」を知るすべはなかった。彼らは、六経が痕跡にすぎないことを承知のうえで、たとえ聖人を知ることは適わなくとも、聖人に近づくための縁《よすが》を、そこに求めたのではなかろうか。

底本

阮元校刻『十三経注疏（附校勘記）』（全二冊）、北京、中華書局、一九八〇年
馬王堆漢墓帛書整理小組『馬王堆漢墓帛書〔壹〕』、北京、文物出版社、一九八〇年
皇侃『論語義疏』、鍾謙鈞輯『古経解彙函（附小学彙函）』第二冊、揚州、広陵書社、二〇一二年
朱熹『四書章句集注』、鍾哲点校、北京、中華書局、一九八三年
司馬光撰、胡三省注『資治通鑑』（全二十冊）、北京、中華書局、一九五六年
陳立『白虎通疏証』（全二冊）、呉則虞点校、北京、中華書局、一九九四年
班固撰、顔師古注『漢書』（全十二冊）、北京、中華書局、一九六二年
陸徳明『経典釈文』、北京、中華書局、一九八三年
秦嘉謨等輯『世本八種』、上海、商務印書館、一九五七年
郭慶藩『荘子集釈』（全四冊）、王孝魚点校、北京、中華書局、一九六一年
陳奇猷『韓非子集釈』、北京、中華書局、一九五八年
李道平『周易集解纂疏』、潘雨廷点校、北京、中華書局、一九九四年
司馬遷撰、三家注『史記』（全十冊）、北京、中華書局、二〇一四年
王先謙『荀子集解』（全二冊）、沈嘯寰・王星賢点校、北京、中華書局、一九八八年
孫詒譲『墨子間詁』（全二冊）、孫以楷・孫啓治点校、北京、中華書局、
韓嬰『韓詩外伝』、鍾謙鈞輯『古経解彙函（附小学彙函）』第二冊、揚州、広陵書社、二〇一二年
黄暉『論衡校釈（附劉盼遂集解）』、北京、中華書局、一九九〇年
何寧『淮南子集釈』（全三冊）、北京、中華書局、二〇一一年
張湛『列子注』、『諸子集成』第三冊、北京、中華書局、一九五四年
李昉等編『太平御覧』（全四冊）、北京、中華書局、一九六〇年

馬承源主編『上海博物館蔵戦国楚竹書（二）』、上海、上海古籍出版社、二〇〇二年
王先謙『詩三家義集疏』（全二冊）、呉格点校、北京、中華書局、一九八七年
范曄・司馬彪撰、李賢・劉昭注『後漢書』（全十二冊）、北京、中華書局、一九六五年
魏収『魏書』（全八冊）、北京、中華書局、一九七四年
安居香山・中村章八編『重修緯書集成』（全八冊）、明徳出版社、一九七一―一九九二年
王聘珍『大戴礼記解詁』、王文綿点校、北京、中華書局、一九九九年
戴望『管子校正』、『諸子集成』第五冊、北京、中華書局、一九五四年
荊門市博物館編『郭店楚墓竹簡』、北京、文物出版社、一九九七年
蘇輿『春秋繁露義証』、鍾哲点校、北京、中華書局、一九九二年

参考文献

皮錫瑞『経学歴史』、周予同注釈、北京、中華書局、一九五九年
兪正燮『癸巳存稿』、台北、世界書局、一九六三年
狩野直喜「感生帝」、『支那学文藪』（みすず書房、一九七三年）所収
出石誠彦『支那神話伝説の研究（増補改訂版）』、中央公論社、一九七三年
顧頡剛『中国古代の学術と政治』、小倉芳彦・川上哲正・小松原伴子・原宗子・星野謙一郎訳、大修館書店、一九七八年
顧頡剛「「聖」「賢」観念和字義的演変」、『中国哲学』第一輯、北京、生活・読書・新知三聯書店、一九七九年
黄彰健『経今古文学問題新論』、台北、中央研究院歴史語言研究所専刊之七十九、一九八二年
加納喜光『詩経（下）』、学習研究社（中国の古典十九）、一九八三年
石田英一郎『桃太郎の母』、講談社（講談社学術文庫）、一九八四年
祝平一『漢代的相人術』、台北、学生書局、一九九〇年
山田慶兒『制作する行為としての技術』、朝日新聞社、一九九一年

王素『唐写本論語鄭氏注及其研究』、北京、文物出版社、一九九一年
池田知久『馬王堆漢墓帛書五行篇研究』、汲古書院、一九九三年
屈守元『漢詩外伝箋疏』、成都、巴蜀書社、一九九六年
大室幹雄『滑稽――古代中国の異人たち』、岩波書店（岩波現代文庫）、二〇〇一年
末永高康「「知ること」と「気付くこと」――『五行』の理解のために」、『鹿児島大学教育学部研究紀要（人文・社会科学編）』第五二巻、二〇〇一年、のち『性善説の誕生――先秦儒家思想史の一断面』（東京、創文社、二〇一五年）所収
関口順『儒学のかたち』、東京大学出版会、二〇〇三年
末永高康「「天」の語り方――『孔子詩論』の問いをめぐって」、『鹿児島大学教育学部研究紀要（人文・社会科学編）』第五七巻、二〇〇六年
中島隆博『残響の中国哲学――言語と政治』、東京大学出版会、二〇〇七年
今井宇三郎・堀池信夫・間嶋潤一『易経（下）』、明治書院（新釈漢文大系六三）、二〇〇八年
渡邉義浩『儒教と中国――「二千年の正統思想」の起源』、講談社（講談社叢書メチエ）、二〇一〇年
岩本憲司『春秋学用語集』、汲古書院、二〇一一年
陳寿祺・皮錫瑞『五経異義疏証　駁五経異義疏証』、王豊先点校、北京、中華書局、二〇一四年

第二章　真人について

本章では、「真人」という概念が、戦国末から魏晋南北朝時代に変奏される様子を概観してみたい。その際、老荘思想・道教を中心に話を進める。

前章で考えた聖人という語は、儒教の聖人を意味するだけでなく、『老子』や『荘子』の思想に応用された。『荘子』で「聖人」は「真人」という語に変換され、後漢以降、「真人」が道教で応用されていく。もう一つ、「聖人」は「玄聖」という語も生んだ。それも道教で変容を見せる。

本章のもう一つの軸として、「文字」の問題を考えていきたい。というのは、中国文化は漢字に根ざしており、漢字という文字は、単なるコミュニケーションの道具としてだけでなく、さまざまな文化的象徴機能も持っている。それが聖人という存在と密接に結びついているからである。

そこで、まず聖人と文字の関わりを確認しておこう。第一章（七九頁）にも引用した『易』繫辞下伝によると、「昔、包犧（伏羲に同じ）が天下の王となると、仰いで天象を観察し、伏して地理を観察し、また鳥獣の文様や土地の植生を観察し、近くは自身にもとづき、遠くは諸物にもとづいて、はじめて八卦を作った。〔…〕上古は縄の結び目を用いて治めていたが、後世の聖人は「書契」（＝漢字）に代え、官吏はそれによって治め、民衆はそれによって理解した」という。伏羲は、『易』

の八卦を考案した。その後、「八卦」から漢字が作られた。なぜなら、八卦を作るにあたって伏羲は、天文・地理・鳥獣の毛の文様・地上の景観・人の身体・物の形体、つまり森羅万象の文様に取材したから、「後世の聖人」は、それにもとづいて森羅万象を表わす漢字を作り出せるのである。

歴史的に見た場合、ここで言及される「書契」が具体的に何を指しているのかはわからない。新石器時代の陶器に刻まれた符号がそれだ、と考える研究者もいるが、いまだ定説とはなっていない。いずれにせよ、漢字こそが聖人の最大の発明であったとされていたのである。

1　聖人から真人へ――『荘子』大宗師篇（一）

『周易』繋辞伝は、戦国末から漢初に作られたとされる。「聖人」という語は、『老子』でも使われており、老子の理想とする人物像をいう。戦国末から漢代の伝承と思われる『荘子』になると、それらを承けつつ、だいぶ異なる意味を帯びて、聖人という概念が変遷していく端緒を示しているようである。

『荘子』には、総説に示したとおり、二種類の「聖人」が登場する。天下に積極的に関わろうとする聖人が登場するが、これは儒教型の聖人であり、荘子の批判の対象である。もう一種の聖人は、自己の本質を保つ聖人であり、荘子はこれを積極的に肯定する。そうした聖人は、名誉・名声とは無縁であり（逍遥遊篇）、愚鈍に徹している（斉物論篇）。ここで注意すべきは、『荘子』が「聖人」の上位に、政治的権力を超脱した人物として「真人」「至人」「神人」などを設定したことである。中でも「真人」という語が重要である。つまり『荘子』は、「聖人」という概念を承けつつ、それを「真人」という語に読み替えた。

そして「真人」という概念は、歴史の表層へも浮上した。それを実行したのは始皇帝であった。以下に、その流れを追ってみよう。

まず『荘子』においては、聖人と同等、あるいはそれ以上に尊重すべき、何ものからも超脱した者＝「真人」が登場する。荘子の本来の思想を伝えているとされる内篇の大宗師篇に次のようにある。

知天之所為、知人之所為者、至矣。知天之所為者、天而生也。知人之所為者、以其知之所知、以養其知之所不知、終其天年、而不中道夭者、是知之盛也。雖然有患。夫知有所待而後当、其所待者、特未定也。庸詎知吾所謂天之非人乎、所謂人之非天乎。且有真人、而後有真知。何謂真人。古之真人、不逆寡、不雄成、不謩士。若然者、過而弗悔、当而不自得也。若然者、登高不慄、入水不濡、入火不熱。是知之能登假於道也、若此。

天の営んでいる諸現象を知っており、また人間の為すべき務めをも知っている者は、完全な存在である。天の営みを知っている者は、自然のままに生きることができるし、人間の務めをも知っている者は、既得《きとく》の知に基づいて未知の世界を究明していくことができる。このように、さまざまの知を駆使して、天から与えられた生命を全うして、途中で夭逝《ようせい》したりせずに生き抜くのが、完成された知というものである。そうは言っても、これには難点がある。一体、知というものは、まず対象があって、次にそれを言い当てることであるが、その対象が人によってまちまちであって、同じ言葉を使った場合でも全然一定していないのである。例えば、私が上に言った「天」（自然）が実は正反対の「人」（人為）を意味し、私の言った「人」が実は「天」を意味しているかもしれないのだ。

その上、知というものは、道を体得した真人《しんじん》（真の人）の下でのみ、真の知となることができる。それでは、真人とはどういう者であろうか。上古《じょうこ》に活躍していた真人は、逆境にあってもこれに安んじて逆らわず、栄達しても恬淡《てんたん》として別に誇らず、万事をあるがままに任《まか》せて思慮をめぐらすことがなかった。このような境地に達した者は、失敗したからといって後悔せず、成功したからといって得意にならない。また、このような者は、高い所に登っても恐れ戦《おのの》かず、水の中にはまっても濡れず、火の中に飛び込んでも焼けないが、その知が道の窮極にまで高まりえた結果、こうしたことが可能となったのである。

（『荘子』内篇・大宗師篇、池田知久訳、以下同）

これに続けて「真人」が具体的に説明される。「真人」は、「寝ては夢にうなされず、覚めては憂いに悶《もだ》えず、食べては味に構わず、その呼吸は深々として安らかである。真人の呼吸は、踵《かかと》の底から生気を全身に行きわたらせるが、大衆の呼吸は浅く、喉《のど》の先であえぐばかりだ」。「上古の真人は、生を喜ぶべきこととも思わず、死を悪《にく》むべきこととも知らず、この世に生まれ出ても喜ばず、あの世に引き入れられることも拒まなかった。あっさりと出かけて行き、さっぱりと帰って来る、ただそれだけのことだった」。「生を受け取ったら素直《すなお》にこれを楽しみ、やがて亡《うしな》う時が来ればもとの持ち主（道）に返す。このような境地を、心の分別によって根源の道を棄てず、人間の作為でもって天の働きをいらわない、と言う。真人とはこのような存在に他ならない」。「あるいは秋の大気のように冷ややか、あるいは春の日射《ひざ》しのように暖かで、総じて彼の喜怒の情は、みな四季の暑さ寒さながらに自然である。外界の事物の動きに連れて適切に応じ、決して行きづまることはないのだ」。

ここまで荘子の理想とする真人について具体的に説明したあと、「真人」を「聖人」という語に言い換える。これにより、儒学でいう「聖人」や「仁」・「賢」の内実は、右に説明した真人と同一であると説得しようとするのである。

故聖人之用兵也、亡国而不失人心、利沢施乎万世不為愛人。故楽通物、非聖人也。有親、非仁也。天時、非賢也。利害不通、非君子也。行名失己、非士也。亡身不真、非役人也。

それであるから、聖人は、兵を動かして他国を攻め亡ぼしても、その人民の信頼を失うことがなく、万世の後にまで及ぶほどの恩沢《おんたく》を施しながらも、自《みずか》ら人民を愛してのこととは考えない。してみると、外界の事物に精通して嬉《うれ》しがっているのは、聖人とは言えない。他人に親愛の情をかけたがるのは、仁者とは言えず、ことさら天の時機を窺《うかが》いそれに合わせて行動しようとするのは、賢人とは言えない。利害の打算を棄てきれず両者を同一視できないのは、君子ではなく、名声ばかりを追いかけて己《おのれ》の真実を失うのは、一ぱしの人士ではない。およそ我が身を亡ぼした上に、真《まこと》の生を貫けもしないようでは、とても人の上に立つ者とは言えず、人に使われる身でしかないのだ。

この部分は、聖人が天の意思を洞察できる超越的な力を持つことと国家の統治とを結びつけている。したがって、この聖人（＝真人）は世間から離れた隠士ではない。だから、右の文に続いて、殷の武王が革命をおこすのに反対した伯夷・叔斉など、古来の隠士が最終的には自殺していることをあげて、これを真人のあり方ではないと否定している。そして、為政者としての真人のあり方を次のように述べる。

以刑為体、以礼為翼、以知為時、以徳為循。以刑為体者、綽乎其殺也。以礼為翼者、所以行於世也。以知為時者、不得已於事也。以徳為循者、言其与有足者至於丘也。而人真以為勤行者也。

このような者〔真人〕は、刑による統治を第一の本体とし、礼による教化をその補助とし、時の移り変わりに従うが如《ごと》く知にも従い、事物の動きに則《のっと》るが如く徳にも則って、天下に君臨する。刑による統治を本体とするとは、ゆるやかながら死刑を執行して秩序を維持しなければならないからであり、礼の教化を補助とするとは、社会の実際に対して効果を挙げるためである。時に従うが如《ごと》く知にも従うとは、政務の処理のためには知を棄てるわけにはいかないからであり、事物に則《のっと》るが如く徳にも則るとは、両足そろった者を案内役に立てて目指す丘に向かって着実に歩む、という意味である。このように、刑・礼・知・徳というやむをえぬ手段を用いて、知らず識らずの内に道の全うされた理想の政治を実現していこうとしているのだ。にもかかわらず、世の人々は、以上のような真人の政治を目にして、ことさら努めて行う作為的な統治と誤解する。

この大宗師篇の冒頭で「天の営んでいる諸現象を知っており、また人間の為すべき務めをも知っている者は、完全な存在である。天の営みを知っている者は、自然のままに生きることができるし、人間の務めをも知っている者は、既得の知に基づいて未知の世界を究明していくことができる」と言っていたのは、実に真人の、このような現実政治をもふまえた意味においてなのであった。「刑」は法家、「礼」は儒家のタームであり、それらを実際の統治に使いながら、その上位に帝王を置く。帝王は、心の分別によって根源の道を棄てたり、人間の作為によって天の働きに逆らったりするようなことのない自然の洞察力を備えた真人としてある。この点では、繋辞伝でいう、天の意思を知ることのできる聖人と性質が共通している。

大宗師篇のこの主張を要約したような内容が『荘子』天道篇に見える。

夫虚静恬淡、寂寞無為者、万物之本也。明此以南郷、堯之為君也。明此以北面、舜之為臣也。以此処上、帝王天子之徳也。以此処下、玄聖素王之道也。以此退居而間遊、江海山林之士服。以此進為而撫世、則功大名顕而天下一也。

まこと、虚しくして静か、恬《やす》らかで淡《あわ》く、寂《さび》しくて漠《ひろ》く、作為を行わないというのは、万物の根本なのである。この境地に精通することによって天下に君臨したのが、偉大な帝王たる堯《ぎょう》であり、これに精通することによって帝王を補佐したのが、偉大な臣下たる舜《しゅん》である。これを身に守って上位にいるならば、それが帝王や天子の徳（道の働き）となり、これを身に守って野《や》に下るならば、それが玄聖《げんせい》（玄徳の聖人）や素王《そおう》の道となる。これを身に着けて、世を避けて悠々自適《ゆうゆうじてき》の生活を楽しむならば、江海《こうかい》や山林《さんりん》に逃れ住む隠士たちもみな喜んで集まってくるし、これを身に着けて、進んで世に出て人々を治めるならば、功績は大いに挙がり、名声は響きわたって、天下も統一されるのだ。

（『荘子』天道篇）

これによれば「虚静恬淡寂寞無為《きょせいてんたんせきばくむい》」は、聖人の君主たる原理であり、臣下たる原理であり、聖人の教えを伝える「玄聖素王」の原理であり、民間江湖の「士」（隠士）の原理だという。つまり、真人のあり方が、帝王だけでなく、臣下や民間の人士にも及ぼされている。しかも「これによって事を成し遂げて世間を治めれば、功績は大きく名声はとどろき、天下も統一する」というところから、臣下と「玄聖素王」と「士」が真人のあり方を共有することそのものが、統治者のあり方を言っているることがわかる。

この意見によれば、天下統一という大事業をする君主には、臣下と「玄聖素王」と民間江湖の隠士の協力が必要である。彼らに共通する原理は「虚静恬淡寂寞無為」である。これによって下にいるのは、玄聖素王の道であり、玄聖素王も「虚静恬淡寂寞無為」の道によるというのである。「以此処下」について、西晋の郭象（二五二―三一二）の注は「爵位の無い者」という意にとっている。この文が書かれた当時、孔子の思想が国家を統一・運営するのに重要だという認識が一方で存在し、その孔子は無冠の帝王として「素王」と称されていたのであろう。この文の作者は、それを導入して自説に応用したものと思われる。

2 真人と道――『荘子』大宗師篇（二）

では、真人が原理として尊ぶ「道」について、大宗師篇に戻って見てみよう。人々は聖人を模範とするのであるから、聖人が則っている「道」は、もっとも模範とすべきだ、として「道」について説明している。

夫道、有情有信、無為無形。可伝而不可受、可得而不可見。自本自根、未有天地、自古以固存。神鬼神帝、生天生地。在太極之先而不為高、在六極之下而不為深、先天地生而不為久、長於上古而不為老。

一体、道というものは、真に実在し信《まこと》に作用しているけれども、無為の作用であり形なき実在である。それは、心で伝えることはできても、他からもらい受けるものではなく、自《みずか》ら身に得ることはできても、目で見るわけにはいかない。この道は、それ自体の中に存在根拠を持っており、天地の生ずる遥《はる》か以前の太古から、すでに厳然として存在していた。鬼神《きしん》に霊妙さを与え、上帝に神聖さを与えるとともに、天を生み地を作りだしてきた。それは、宇宙の果ての先よりもさらに高く、世界の尽きた下よりもさらに深いもので、天地の生成よりもさらに久しい以前から存続し、上古よりもさらに古い時代から成長して今に至っている。このような、時間と空間の外にはみ出した、巨大この上ない存在なのである。

（『荘子』大宗師篇）

このように「道」について説明し、続いてこの「道」の作用を受けた事例を次のように列挙する。

狶韋氏得之、以挈天地、伏戲得之、以襲気母。維斗得之、終古不忒、日月得之、終古不息。堪坏得之、以襲崐崘、馮夷得之、以遊大川。

その昔、狶韋氏《しいし》（太古の神）はこの道を得ることによって、天と地を両手に提《さ》げて持つことができたし、伏戯《ふくぎ》（伝説上の帝王）はこの道を得ることによって、万物の母なる気を手中にすることができた。維斗《いと》（北斗七星）はこの道を得ることによって、永久《とこしえ》に狂いなく回転し、日月（太陽と月）はこの道を得ることによって、永久に光り輝いてやまない。堪杯《かんぱい》（崑崙山《こんろんさん》の神）はこれを得ることによって、崑崙山を守る神となり、馮夷《ふうい》（黄河の神）はこれを得ることによって、大いなる黄河に遊ぶ神となった。（同前）

繫辞伝で述べられた、八卦を創った伏羲（伏戯）のことに言及し、その仕事を「万物の母なる気を手中にする」と言っている。右に続いて、肩吾《けんご》（泰山の神）・黄帝・顓頊（伝説上の帝王）・禺強《ぐきょう》（北海の神）・西王母（伝説上の仙女）・彭祖《ほうそ》（伝説上の仙人）・傅説《ふえつ》（殷の賢人で星の神）らが紹介される。これらを見ると、聖人として伝わる帝王の他に、山の神・川の神・星の神・仙人などがいる。大宗師篇の立場からすれば、天地万物の存在には、神々や鬼神・通常の寿命を超えた仙人なども「道」の作用の結果となるわけである。

前節で見たように、この篇は法律や礼的秩序という現実的な政治手法を尊重する、つまり法家・儒家への接近を示しており、これは戦国末の諸子の動向を承けていると言える。だがその一方で、超常的な神々への信仰も自説の中に採り入れている点が注目される。

と言うのは、ここに登場する人物や神々は、戦国末までの聖人の伝統から逸脱しているからである。孔子や孟子は、聖人として堯・舜・文王・武王をあげていた。荀子はそれに加えて伏羲もあげる。繫辞伝では伏羲・神農・黄帝・堯・舜をあげる。墨子は禹王・湯王・文王・武王をあげる。つまり、聖人の伝統について、戦国末に至って諸子相互にそれほど大きな相違はなかった。むしろ諸子は聖人のメンバーを共有しつつ、その伝統について自分の立場の正しさを主張する傾向がある。この傾向は、こうした聖人の伝統に、より権威性を保持させていくことになる。それゆえ、もし天下統一の帝王になろうとすれば、こうした聖人の権威を認める方が、人々の心理をつかみやすい。

それに対して大宗師篇に見える「聖人」には、諸子が共有していた聖人の顔ぶれと相違する者が多い。つまり、諸子が共有していた「聖人」の権威から逸脱する傾向も備えているようだ。しかも、ここに登場する伝説上の帝王（黄帝）や仙女（西王母）・仙人（彭祖）たちは、漢代の神仙思想だけでなく、その後に発展する宗教信仰においても、基幹的な超越者として登場する。例えば西王母は、前漢末に民間信仰として広域の人々から熱狂的な信仰を受けた。後漢の銅鏡には、西王母の姿が鋳込まれているものが多い。道教はそれらを承けて、西王母を基幹的な神仙と見なしている。つまり大宗師篇のこの部分は、「聖人」（真人）の思想が神々や仙人に対する信仰と結びついていく端緒を示しているようなのである。

ところで、『荘子』大宗師篇は「さまざまの知を駆使して、天から与えられた生命を全うして、途中で夭逝したりせずに生き抜くのが、完成された知というものである」と述べていた。その例として挙げられている事例も興味深い。

その「知」の一つが呼吸法である。「真人の呼吸は、踵の底から生気を全身に行きわたらせるが、大衆の呼吸は浅い」という。これは、現在の私たちが、ラジオ体操やストレッチングで、踵をあげて深呼吸するのに似ている。

また、彭祖という人物が挙げられている。漢代の仙人の伝説を集めた『列仙伝《れっせんでん》』や、後漢から晋の伝説を集めた『神仙伝《しんせんでん》』によると、彼は房中術によって長寿を得たとされている。房中術とは男女のセックスの技法である。

さらに神農は、薬草を試食して十回も死に損なったという薬学者である。荘子が言う「知」には、このような生命を大切にする技法も含まれている。

戦国末頃から、貴顕階級の間では健康に対する関心が高まったようである。健康の結果は長寿であるが、人は必ず死ぬので、天寿を全うするのが現実的な目標である。これを「養生《ようせい》」という。天寿を全うするのが人間にとって自然であるはずだから、生命を全うすることと、真人の自然なあり方とは親和性がある。

とは言え、養生は本来、個人の生命に関わることにすぎない。それが、大宗師篇では為政者たる真人のあり方の一つに導入されている。ということは、ここにおいて養生思想は、単に個人の問題ではなく、政治論あるいは国家の問題に拡大していたのである。その例として、真人の身体の保全が国家の統一と同一視されている例が『呂氏春秋』に見える。

湯問於伊尹曰、欲取天下若何。伊尹対曰、欲取天下、天下不可取。可取、身将先取。凡事之本、必先治身。嗇其大宝、用其新棄其陳、腠理遂通、精気日新、邪気尽去。及其天年、此之謂真人。昔者先聖王、成其身而天下成、治其身而天下治。

殷の湯王が伊尹《いいん》〔臣下〕に尋ねた。「天下を治めようとするにはどうしたらよいか」。伊尹は答えた。「天下を治めようとしたら、天下は治められません。治めるとすれば、身を先に治めることです。万事の根本は、必ずまず身を治めることです。つまり大きな宝である身体を愛しみ、新しい気を採り入れて古い気を棄て、肌のきめが通れば、精気が日々新しくなり、邪気はすっかりなくなります。こうして天寿に至った者、これを真人といいます。いにしえの聖王は、自分の身を成就させて天下も成就し、自分の身を治めて天下も治まったのです」。

（『呂氏春秋』先己篇）

ここでいう真人は、「先聖王」＝聖人と同一視されているが、含意は相当に変容している。養生術によって新陳代謝を進め身体の気を整え、天から授かった身体と生命をそのまま生かすことのできる真人であって、はじめて天下を統治することができる。この考えは、国家の統治者は健康な体力が必要というレベルの話ではなく、真人たる帝王の身体と国家の合一（国家という身体）が天によって保証されている、という一種の形而上学を前提としている。

3　真人の実践──秦の始皇帝

真人たる帝王が天下を治める、ということは、逆に言えば、天下を治める帝王たる者、自分の身を治めて真人となってこそ、天によって保証された真の帝王だ、ということになる。この思想を実現しようとしたのが、秦の始皇帝ではなかったか。『史記』に次のようにある。

盧生説始皇曰、臣等求芝奇薬仙者常弗遇、類物有害之者。方中、人主時為微行以辟悪鬼、悪鬼辟、真人至。人主所居而人臣知之、則害於神。真人者、入水不濡、入火不爇、陵雲気、与天地久長。今上治天下、未能恬倓。願上所居宮毋令人知、然後不死之薬殆可得也。於是始皇曰、吾慕真人、自謂真人、不称朕。

盧生は始皇に言った。「私どもは〔真人となるための〕芝《し》や奇薬や〔それらを持つ〕仙者を求めていますが、かつて遇ったことはなく、害をなすものにさらされます。宮中では、人主はつねに人目につかないようにして悪い霊鬼を避けるべきです。悪い霊鬼を避けられれば、真人が来臨します。人主が居るところを人臣が知っていては、神霊に害されます。真人とは、水に入っても濡れず、火に入っても燃えず、雲気をとびこえて高く飛翔し、天地と寿命を等しくします。いま陛下は天下を治めて、いまだ恬淡となりえていません。願わくは居られる宮を人に知らせないようにしてください。そうすれば不死の薬が得られるのも近いでしょう」。そこで始皇は言った。「わたしは真人を慕って、朕と称するのをやめて真人と自称するぞ」。

（『史記』秦始皇本紀）

盧生が述べた「真人とは、水に入っても濡れず、火に入っても燃えず」は、『荘子』大宗師篇に見えた言葉、「恬倓（恬淡）」が真人の基本であることは天道篇に見えた。つまり盧生の説は、大宗師篇などと同じ思想を承けている。

ここで始皇帝は、自身が真人になることを熱望している。真人になるには、薬品によって寿命を延ばすこと、それを真人の先達から直接授かれるようにすること、そのためには悪質な霊鬼を近づけないこと、そのためには自身の居場所を人から悟られないようにすること、などと盧生は進言し、始皇帝は信じ込んだ。始皇帝は、すでに天下を統治している。帝王だからこそ、真人をめざしている。また、ここでいう「真人」は、大宗師篇と同じ思想を承けており、「雲気をとびこえて高く飛翔し、天地と寿命を等しくする」と言うように、大宗師篇に列挙されていた真人や仙人に近い表現となっている。

真人への始皇帝の熱望には、神仙への願い、つまり死から逃れて不老長生を得たい、という権力者の個人的な願いがこめられていることは見やすい。しかし、それだけではなく、帝王が真人となり、真人の伝統につながるべきだ、という政治論的な信念があったのではなかろうか。

『史記』によると、始皇帝は盧生と出会う以前、すでに始皇二十八年（前二一九）から中国東方の郡県を巡遊し、名山で祭祀をしたり、方士に神仙を探し求めさせたりしている。例えば、第一回の巡遊では、鄒嶧山《すうえきざん》・泰山・芝罘山《しふざん》・琅耶台《ろうやだい》といった山東省の山々を巡った。このような巡遊を、盧生に出会うまで三回実施している。特に興味深いのは、各地で名山の上に刻石を作った点である。戦国の世の中を統一したばかりの彼が、刻石を立てて回るのは、もちろん政治的な巡視と権力の誇示という目的があったことは想像に難くない。しかし、ここで留意すべきなのは、それが名山に立てられた点である。始皇帝の刻石は、一般の人々に見せるために都市の政治的中心地に立てたのではなかった。なぜわざわざ人目につかない山上に文字を刻した石を置くのか。これはおそらく、名山には「雲気をとびこえて高く飛翔し、天地と寿命を等しくする」真人が住んでいると考えられていたからであろう。大宗師篇に見える聖人（真人）たちの中にも、山の神が挙げられていた。つまり、名山に住む真人に刻石を見てもらい、真人にふさわしい自分の治世を認知してもらい、真人になるための仙薬を授かる狙いだったのではなかろうか。

その治世を認知してもらう決め手が、石に刻した文字であった。それらの刻石は、丞相の李斯（?—前二〇八）によって、文字統一がもたらされた小篆によって書かれたのである。

戦国時代には、各地が割拠して独自に発展したため、方言に似て、国によって漢字の書体も違っていた。それを始皇帝は小篆に統一したのである。だから、始皇帝が東方の名山に立てた刻石の文字は、それまでその地域で使われていた文字とは異なるものである。小篆によって書かれた刻石は、新しい文字による新しい政治を表現している。

このことから、聖人・真人の含意と、始皇帝のこの行動の関連をまとめておこう。繋辞伝で言及したように、聖人は、結縄しかなかった社会に「書契」をもたらし、それによって「百官以て治まり、万民以て察す」となった。これと同じように、始皇帝は混乱した社会を治め、そこに文字統一をもたらした。つまり、繋辞伝の聖人と始皇帝は同じ構図なのである。始皇帝は、そのことを石に刻して名山に置き、自分の功績を真人に訴えた。それは、真人に認められることによって、名実ともに真人としての帝王となり、『荘子』大宗師篇の主張する真人の伝統につながろうとしたのである。その真人の伝統とは、戦国末までに諸子の思想家に共有されていた「聖人」の伝統とは異なっており、長生不死の真人という、新しい帝王のあり方だったのである。

4 聖人の最重要な役割——文字の創作

再び『易』繋辞伝に戻って話を進めよう。

中国文明にとって最重要なもの＝漢字を作ったのが聖人の役割であった。とすれば、それは聖人のうちの誰が作ったのか。繋辞伝をよく読んでも、実はそれが明示されていない。伏羲が八卦を始めとする色々なものを作った、という文脈で書契を作ったと出てくるので、伏羲が文字を作ったようでもある。漢の武帝（在位前一四一—前八七）ころの学者とされる孔安国はそのように考え、そのことを『尚書』の序文で明言している。

伏羲氏之王天下也、始画八卦、造書契、以代結縄之政、由是文籍生焉。

聖人の伏羲氏が天下に王となるにいたって、始めて八卦を画き、書契（漢字）を造り、以て結縄の政に代えた。これによって文字書籍は生じた。（「尚書序」、『尚書注疏』による）

孔安国は、『易』にならぶ最重要経典たる『尚書』の古いテキスト（『古文尚書』）に注釈を書いた権威とされた（序文も含め、実は魏晋時期の偽作とされている）。それゆえ、後世からは伏羲が漢字を創ったという意見が主流とされた。

その一方で、漢字学の権威的著作である後漢の許慎《きょしん》『説文解字《せつもんかいじ》』の叙では別の説が述べられている。倉頡《そうけつ》という人物が、鳥獣の足跡を見て文字を作ったというのである。倉頡は、伏羲より後の聖人たる黄帝の臣下とされる。

古者庖犧氏之王天下也、仰則観象於天、俯則観法於地、視鳥獣之文与地之宜、近取諸身、遠取諸物、於是始作為八卦、以垂憲象。及神農氏、結縄為治、而統其事、庶業其繁、飾偽萌生。黄帝之史倉頡、見鳥獣蹏迒之跡、知分理之可相別異也、初造書契、百工以治、万民以察。蓋取諸夬。

昔、庖犧《ほうぎ》氏（伏羲）が天下に王となるや、仰いで天象を観察し、俯して地理を観察し、鳥獣の文様や土地の植生を観察して、近くは自身にもとづき、遠くは諸物にもとづいて、はじめて八卦を作り、範となる形象を示した。神農氏になると、結縄で政治をし、事業をまとめたが、事柄の内容が複雑になって、虚飾も出てくるようになった。そこで黄帝の史官である倉頡が、鳥や獣の足跡を見て、すじ模様が分別できることを悟り、それではじめて書契を作った。役人たちはこれでうまく仕事をまとめ、人々は物事をハッキリわかるようになった。これはおそらく夬の卦から取材したのであろう。

（『説文解字』叙）

この文は繫辞伝の記述によりつつ、独自の見解も出している。漢字は鳥獣の足跡にインスピレーションを得て作られたゆえに、物事の細かい相違を区別させる機能を持っていると分析している。そうなると、漢字の創作者には伏羲と倉頡という二説があることになる。しかも繫辞伝は、伏羲より以前に文字があったような書き方もしている。

河出図、洛出書、聖人則之。

黄河は図を出し、洛水は書を出し、聖人はこれに則《なら》う。

黄河は洛陽を流れる川、洛水はその支流だが、その水中から「書」や「図」が出現するとはどういうことだろう。初唐の注釈である『周易正義《しゅうえきせいぎ》』によると、「則」は「効（倣）」の意なので「ならう」「模倣する」である。「図」「書」というからには、何らかの文字が水中から出現したようである。

繋辞伝のこの説明は謎めいている。これは「河図洛書伝説《かとらくしょ》」といわれ、戦国末から漢代に盛んに語られた。前漢末の劉歆《りゅうきん》（?―二三）はこの句について、「伏羲は天命によって王となって「河図」を受け、それにならって八卦を描いたし、夏の禹王は洪水を治めた時に、「洛書」を〔天から〕賜り、それにもとづいて「洪範」を述べた」という（『漢書』「五行志」）。つまり、聖人が天命を受けて王となった場合に、天から河図洛書を授かって、それにもとづいて政治の指針となる著作をおこなう、というのである。

では天は、いったいどんな「図」や「書」を聖人に授けるのだろうか。それは文字なのだろうか。漢代の緯書（儒学にもとづく予言書）の一種である『尚書中候《しょうしょちゅうこう》』に次のようにある。

成王観於洛、沈璧。礼畢、王退、有玄亀、青純蒼光。背甲刻書、上躋於壇、赤文成字。周公写之。

周の成王が洛水に巡遊して、玉璧を沈める儀礼をおこなった。儀礼が終わり、成王が退くと、そこにきれいな青く光る立派な亀が出てきた。背中の甲羅に文字が刻まれており、祭祀をする壇に這いずりあがったところ、赤い色の文字ができた。（聖人の）周公がこれを書き写した。

（『太平御覧』巻九三二所引『尚書中候』）

これは亀の甲羅の文様のことを言っている。その亀は文字を背負っているだけでなく、歩いた足跡が赤い文字を現出した。どうやら背中の文字も赤いようである。

なぜ天は、亀を使って周公（聖人）に文字を授けたのだろう。亀という動物は、水中に隠れ住んで、外敵に遭うと肉体を甲羅に格納して身を守り、生命力が強くて長生きする。こういう特性が、天からの文字伝授の神話にふさわしいからだろうか。あるいは、亀の甲羅と赤い文字となると、殷の甲骨文を想起させられる。ある種の甲骨文は、亀の腹の甲羅に刻みこみ、文字の部分を赤く塗った。甲骨文が学術的に発見されたのは二〇世紀初頭だが、もともと河南省の農民が勝手に掘り出して売っていたものだ。これが戦国時代や漢代に出土していたとしても不思議ではない。出土した亀の腹の甲羅に朱色の文字が刻まれていたのが、生きた亀の腹の甲羅が這いずったところに赤い文字が現われる、という神話に変わったのだろうか。

『尚書中候』の別の断片には、次のようにある。

河出龍図、赤文像字、以授軒轅。

黄河が龍の図を出し、それらは赤い文字で書かれており、（聖人の）黄帝に授けたものだ。

(『開元占経』巻百二十所引『尚書中候』)

この場合も、文字は赤(丹)で書かれている。河から出現する「龍図」というのは、もしかしたら入り組んだ赤い文様のある石のことかもしれない。

河図洛書は、別の資料によると、もっと人工的な形態で出現することもある。儒家の経典『春秋』に関わる緯書と思われる『春秋元命苞《しゅんじゅうげんめいほう》』には次のようにある。

唐帝遊河渚、赤龍負図以出、図赤色錦牀。

堯帝が黄河の岸を巡視したとき、赤い龍が図を背負って出現したが、その図は赤色で錦のしきもののようだった。

(同前所引『春秋元命苞』)

「錦牀」ということは、絹で織られた布状のものに書かれた文字(帛書)であったのだ。

河図洛書が何らかの文書だとすれば、テキストとして完成した形が後発の資料であろう。おそらく河図洛書の観念は、亀の甲羅や石の文様を思わせる原始的な状態から、文字が書かれた、より人工的な文書の形に進化したのである。劉向《りゅうきょう》(前七七—前六)は、「天の文字はわかりにくい。私は書き写しはするが、口頭《オーラル》による説明がなければ、意味を悟ることができない(天文難以相暁、臣雖図上、猶須口説、然後可知)」(『漢書』楚元王伝)と言っている。つまり劉向は天の文字(=河図洛書)を見て、書き写した経験があり、その経験によれば、劉向当時使われていた書体（隷書）の知識では解読できないような古い書体で書かれていたのである。漢末から後漢には、八卦（漢字のもと）を創った伏羲と、鳥獣の足跡から漢字を創った倉頡とは別に、天から文字が示されるという説もあったわけである。

5　聖人の特殊な語学力

ところで河図洛書は、ある時は堯という聖人に、またある時は黄帝という聖人に授けられている。つまり聖人は、天から宇宙の真相や生成の原始といった謎を、文字によって明かされるのである。ということは、聖人は、一般人には解読できない、天から授けられた文字を読むことができる、今風に言えば、特殊な語学力があるということになる。

河図洛書の話は、倉頡が出てくる『説文解字』叙には出てこない。河図洛書が出てくる繋辞伝には、倉頡は出てこない。しかし、文字は聖人が創ったのであるから、この二つのトピックは結びついてくる。つまり、漢字という霊妙なシステムを備えた発明を、倉頡が人知で創ったと考えるより、倉頡は天から河図洛書を授かったから文字を開発できたのだ、と考えるようになった。『春秋元命苞』に次のようにある。

倉帝史皇氏名頡、姓侯岡（剛）。龍顔侈哆、四目霊光、実有睿徳。生而能書、及受河図緑字、於是窮天地之変。仰観奎星円曲之勢、俯察亀文・鳥羽・山川・指掌而創文字。

倉帝史皇氏〔画を造ったという史皇と倉頡が同一視された〕は名を頡といい、もとの姓は侯剛といった。龍のような顔で口が大きく開いており、目が四つに光り輝き、すばらしい徳を備えていた。生れながらに字を書くことができたが、河図の緑字を授かるに至って、天地の変化をきわめることができるようになった。夜空の星の円曲した体勢を見上げて観察し、亀の文様・鳥の羽・山川の景観・指や掌の文様を俯して観察して文字を創った。

（『繹史』巻五所引『春秋元命苞』）

ここでは倉頡は、目が四つで龍の顔、生まれつき字が書けた異形の天才とされている。彼が文字を創る前に文字を書けたとすれば、何の文字を書けたのか、説明に矛盾があるが、とにかく彼は天才だったのである。黄帝の臣下でありながら、聖人が授かるべき河図を授かっている。これは「玄聖素王」のあり方に他ならない。それゆえ、天地の変化の相を見きわめ、そこから意味のある文字を読み取ることができる。

右にあげた緯書は、すべて書物としては散逸し、断片の逸文が各書に引用されているだけであって、成立年代が具体的にはわかっていない。ただ、それらが現実に強く作用を及ぼすために作成されたのは、多くは前漢の末から後漢にかけてだったようである。このような緯書は、天命を受けた聖人を権威とし、その聖人として黄帝や堯・舜など戦国末に権威化された者を尊重し、その伝統を承けた統治者を正統とする。「天道の実現したさまが輝かしいのは、一人の帝王がなした功績ではない。王者が輝かしいのは、一つの家柄の常態ではない。天命に順じた者が長らえ、天命に逆らった者が滅んだということだ（天道煌煌、非一帝之功、王者赫赫、非一家之常。順命者存、逆命者亡）」（『初学記』巻九所引『春秋元命苞』）。帝王の帝王たるゆえんは天命にあり、それゆえ帝王は一人の功業ではなく、それ以前の聖人の伝統につながる、というのである。この点で緯書の思想は、始皇帝と違って、戦国時代以来の聖人の権威によっている。しかし、戦国時代の聖人の権威と緯書の帝王の権威の間には大きな違いがある。緯書の思想では、聖人は天命を「天からの文字」として授かる、という神秘的な再解釈を加えているのである。

6　讖緯思想による真人の再登場

このような緯書の思想（讖緯思想）は、前漢末に政治改革のために利用され、改めて「真人」という語を活躍させることになる。

前漢の成帝の時、斉の人である甘忠可《かんちゅうか》という者が『天官暦《てんかんれき》』『包元太平経《ほうげんたいへいきょう》』という書物を作り

（一書という説もある）、次のように帝に言った。

漢家逢天地之大終、当更受命於天、天帝使真人赤精子、下教我此道。

漢家は天地の大いなる終焉に向かっているから、あらためて天命を受けなおすべきだ。これは天帝が真人赤精子をくだして教えたものだ。

（『漢書』李尋伝）

赤精子とは火星のことであり、五行説で漢は火徳であるから、成帝があらためて火徳の天命をうけなおすことを言っているのである。赤精子はまた、漢の高祖たる劉邦を意味する。劉邦は母親が赤龍に感じて生まれ、赤帝の精と自称した。『龍魚河図』という緯書によれば、「高祖の文徳と道の教化は天の精をうけている」という。甘忠可が言わんとするのは、天の命令を受けた真人が、地上の帝王に天命の受けなおしを勧めている、ということである。つまり、真人は天命を伝えるメディアの役割として再登場している。

後漢を建国した劉秀（光武帝）も讖緯思想を活用した。『後漢書』に次のようにある。

光武先在長安時同舎生彊華、自関中奉赤伏符曰、劉秀発兵捕不道、四夷雲集龍闘野、四七之際火為主。群臣因復奏曰、受命之符、人応為大。万里合信、不議同情。

光武が長安にいた時の同舎生の彊華《きょうか》が、関中より「赤伏符」を奉じてきた。そこには「劉秀は兵を発して不道な者を捕え、四方の異氏族は雲集して龍のごとく野に闘う。四七の際に火が天下の主となる」とあった。このため群臣は奏して言った。「受命の符は、人が天から受けるもので最大のものです。遠くまで信義を一致させ、議せずして情を同じくするものです」。

（『後漢書』光武帝紀上）

「赤伏符」は玉か金属の棒状のものだと想像される。表面に、「四七」＝二十八（漢の高祖から光武帝まで二二八年）が巡ってくる年に、火徳の者（漢を興した劉氏）が人主となる、という予言が書いてあったのである。劉秀の臣下たちは、これを「受命の符」と考え、これによって大衆の意思を団結させることができると主張している。つまり「赤伏符」（＝赤徳）は、讖緯説にもとづく天命を利用した一種の政治的プロパガンダである。この劉秀も出身地にちなんで「白水真人」と呼ばれた。

こうした「真人」は、『荘子』大宗師篇に見えた真人とは性質が異なるようだが、どうして讖緯説と真人が結びついたのだろうか。右に言及されていた甘忠可の『天官暦』『包元太平経』が読めれば、その理由が分析できるが、この書物は伝わっていない。これと同名で、後漢以後に編まれたとされる『太平経』では、真人の語を地上の治者として挙げている。この点では、劉秀を「白水真人」と称したのと通じている。しかし、甘忠可の書と『太平経』の関連は、書名が似ているだけで、不明とせざるをえない。

このような真人の再登場は、これ以前の歴史的な影響力の大きさからすれば、やはり始皇帝が自身を「真人」と称したことと関連しているのではなかろうか。讖緯説でいう真人は、始皇帝の慕った真人と性質が違うが、讖緯説では始皇帝も天命を受けたとされている。その始皇帝が「真人」を称したのだから、天命と真人が結びつく。緯書の『尚書考霊曜《しょうしょこうれいよう》』に次のようにある。

秦王政以白璧沈河、有黒頭公従河出、謂政曰、祖龍来、授天宝。

秦王政（始皇帝）が白い璧玉を黄河に沈める儀礼をしていたところ、黒頭公が河から出てきて政に言った。「祖龍が来たか、天宝を授けよう」。（『事類賦注』巻六所引『尚書考霊曜』）

黒頭公は龍であり、水徳たる黒帝の使いであろう。それが「天宝」を始皇帝に授けた。このとき始皇帝はまだ秦王とされており、それを「祖龍」と呼んでいる。「祖」は「始」であり、「龍」は「皇帝」であるから、これは秦王が始皇帝になる予言である。皇帝となるべく「天宝」が授けられた。ということは、始皇帝も天命を受けた一人だとここでは考えている。その始皇帝は「真人」を自称した。かくして「真人」という語が、前漢末の讖緯思想で天命を受けた帝王の代名詞として再利用されたのではなかろうか。

7　道教と真人（一）

次に、「真人」が道教の世界において変奏する流れを見てみよう。
前漢末の劉向の撰とされる『列仙伝』（内容的に後漢以降の部分を含む）では、真人は「徳の高い者」という意味で、聖人と同意に使われている。例えば、老子が西の関を通ろうとした時、関令の尹喜が迎えて、老子は「真人」だと悟り、強いて『道徳経』上下二巻を書いてもらった、という。

　これに対して、金の錬成などの方術による昇仙を願う晋の葛洪《かっこう》（二八三―三四三）は、「真人」を仙人の意で使っている。『抱朴子《ほうぼくし》』内篇「論仙篇」によると、「燃えさかる炎を踏んでも焼けず、青黒い波を踏んで軽々と歩く」という仙人がいる。これは、『荘子』大宗師篇が真人について「水の中にはまっても濡れず、火の中に飛び込んでも焼けない」といっていたのを承けている。こうした仙人は、俗世間を超越し、俗人が目にすることはできず、俗世間に降りたとしても、凡人と区別がつかないという。

> 世人既不信、又多疵毀、真人疾之、遂益潜遁。且常人之所愛、乃上士之所憎。庸俗之所貴、乃至人之所賤也。英儒偉器、養其浩然者、猶不楽見浅薄之人、風塵之徒。況彼神仙、何為汲汲使芻狗之倫、知有之何所索乎、而怪於未嘗知也。

世間の人は「仙人」を信じないばかりか、非難することが多い。「真人」はそれが嫌で、ますます世間を避けて隠れてしまう。しかも、「常人」が愛する者は、「上士」が憎む者、「庸俗」が貴ぶ者は、「至人」のさげすむ者だ。英才な儒者や偉大な器の者で、浩然の気を養っている者ですら、浅薄で軽薄な人に会うのを願わない。ましてや「神仙」が、ワラの犬みたいな連中に自分を知られようと汲々と求めたり、知られないことをいぶかったりするわけがない。

（『抱朴子』内篇、論仙）

この例では「世人」と「真人」、「常人」と「上士」、「庸俗」と「至人」が対照されており、「上士」と「至人」は、優れているが「神仙」には及ばない。そして「神仙」と「仙人」は同義で、それを「真人」と言い換えている。同じ葛洪撰とされる『神仙伝』でも、神仙のことを「真人」と称している。つまり葛洪のいう「真人」は、『荘子』のいう「真人」の延長線上にありつつ、金丹など具体的な方術によって凡俗を超越し、超能力を得た存在とみなされているのである。

『抱朴子』より少し後の四世紀中頃、いまの南京郊外にある茅山で、霊媒の楊羲《ようぎ》による神降ろしがおこなわれた。梁の陶弘景《とうこうけい》（四五六―五三六）が編集した『真誥《しんこう》』には、楊羲の目の前に降臨した神霊たちの言説がおびただしく伝わっている。そうした言説において、神霊たちは「真人」と呼ばれている。真人はもともと人間の修行者であり、修行者は修行によってこれから真人になれる。次の引用の前半は、九華安妃という女仙が、後半は南岳夫人（魏華存）が降臨して楊羲に語った言葉とされる。

口挹香風、眼接三雲、俯仰四運、日得成真、視眄所涯、皆已合神矣。夫真人之得真、毎従是而獲耳。［…］真人帰心於一正、道気標任於永信、心帰則正神和、信順則利貞兆。

口に香わしい風を吸い、眼に紫青赤の三素雲を見つめれば、わずかの間にうつろう四季の運りのうちに、日に日に真人となってゆくことができ、見わたす限りすべて神と合致するのです。そもそも真人が真理を獲得するのは、いつもこのようにして獲得するのです［…］真人は心を一なる正しさに帰し、道気は永えに信じるという態度の中に表されます。心が帰一すれば身中の正神がなごみ、信ずること素直であれば正しきにかなうというきざしが現れる。

（『真誥』巻七、『真誥訳注』による）

「眼に紫青赤の三素雲」を見るとは、夜寝る前におこなう瞑想的な顔面マッサージの修行によって生じる瞳内の輝きをいう。瞑想術と養生術は、彼らの修行にとって非常に重要なのであった。そして、真人になることを信じることが真人への道である、と説いている。ここでは、真人という存在は修行者の修道の先にある。真人は、どこか遠くの孤絶した山中にいるだけでなく、瞑想のための部屋「静室《せいしつ》」にも降臨する。しかも、この神降ろしがおこなわれた茅山の地下には、真人が棲む地下世界「洞天」が存在し、そこから中国各地の洞天への通路もある（詳しくは、本シリーズ『人ならぬもの』第三章を参照）。実際、神降ろしをおこなった許家の一員である許翽《きょかい》（三四一―三七〇）は、茅山の洞天の北門とされる良常洞に入って昇仙した（自殺した？）とされている。

8　道教と真人（二）

当時の道教には、六朝時代の中頃に一つのまとまりと認識された「霊宝経《れいほうきょう》」と呼ばれる諸経典にもとづく道教もあった。本章で注目している、天命を受けた聖人・真人と文字の関係という視点からすると、霊宝経が見逃せない。そして、この問題こそ、宗教としての道教の特徴と言っても言いすぎではない。

霊宝経とされる経典が、いつどのようにして出現したのかはよくわかっていない。『抱朴子』内篇・弁問篇によると、霊宝経には「正機《せいき》」「平衡《へいこう》」「飛亀授袟《ひきじゅちつ》」という三篇があり、呉王が石を切って宮室を作ろうとしたとき、石の間から、紫色の文字の金簡を見つけたのがそれだという。呉王は、これを読むことができず、使者を遣わして孔子に質問した。孔子は「これこそは霊宝の処方、長生の法術だ。禹王がこれを服用し、水の世界に隠居し長生を得て、天の紫庭に参列した。禹は、これを名山の石箱の中に封印した」と答えた。

これでわかるように、霊宝経は、孔子を介して聖人の禹王と結びついている。禹王は、これを天から授かったのである。これは、讖緯思想の設定を借りている。しかし、ここでテーマとなっているのは、天命を受けた政治ではなく、長生の秘訣によって、天の朝廷の神仙に列することである。

霊宝経には、そのための薬の処方が書いてあるらしい。着想を讖緯思想に借りながら、それを天の神仙につながろうとする道教思想に応用したのである。

これと似た話が、緯書の『河図絳象《かとこうしょう》』に見える。それによると、呉王闔閭《こうりょ》は、龍威丈人に命じて太湖の包山の地下洞窟に入らせたところ、一七四字の書物一巻を手に入れた。この字数からして、この書物は論説などではなく、何かの秘訣であり、呪文のようなものだと想像される。また、呉王はそれを読めず、禹の時代のものだという。ということは、この一七四字は古文字で書かれていたのである。

これらと同様な話が、古い道教経典の『太上霊宝五符序《たいじょうれいほうごふじょ》』巻上に見える。長いので要旨だけ示すと、次のようである。

呉王は治世の十二年正月に、包山の隠居、号は「龍威丈人」を訪ねて、包山の洞窟探索を依頼した。龍威丈人はタイマツの火をたよりに、一七四日かけて洞窟の奥を巡って帰還した。その報告によれば、洞窟の奥、七千里も行ったところに巨大なホールがあり、そこにはドアのように無数の穴が集まっていた。その穴の先には、さらに街道が続いている。そこのホールは天上が見えないほど高く、太陽や月もある。そして宮殿楼閣が立っており、「天后の別宮」「太陰の堂」などと看板がかかっていた。彼はそこが神仙の館だとわかったので、三日斎戒してから中に立ち入った。部屋に入ると北側の机に、赤い字で書かれた一巻の書物が置いてあったが、彼にはその文字は読めなかった。彼はそれを手にとって持ち出した。すると部屋のドアが背後で自動的に閉まり、部屋の中から音楽が流れてきた。彼は恐ろしくなって、それ以上は先に進まず、その書を持って引き返し、洞窟から脱出した。

さて、龍威丈人はその書を呉王に献上したが、呉王はその書の文字が読めなかったため、使者を派遣して孔子に見せた。孔子は、みずからが知っている童謡にもとづき、赤鳥から授かったという使者のウソを見抜きながらも、その書が禹から伝えられた『上三天太上霊宝真経』であることを使者に教えてやった。使者は孔子の指摘に恐縮して、ウソをついたことを白状した。孔子の傍らにいた弟子の子路が、こやつは呉王の命令をうらぎる奸臣だから、手打ちにすべきだ、と孔子に進言した。孔子はそれを制止しつつ、こう言った。「この書物は天官の霊妙なる蘊蓄であり、大聖が著したものです。上にあっては太和と陰陽の気について、下にあっては道の教えと養生の要領を説いています。仙人でなければこの文字を使うことはできず、君王の身ではその法術を習得できません。呉王が世間から離れて自然の運行に身を任せ、深い山中に隠棲して煩いから自由になることができた時に、私は、道の奥深い言葉であるこの霊妙なる文字の極意を、王にお伝えしましょう」。呉王は孔子の話を聞いて、自分には無理だと絶望し、それからはこの文字を解釈しようとしなくなった。そしてこの書物は、箱にしまってあったのに行方知れずになってしまった。その後、呉王の国は越王勾践によって併呑された。

(『太上霊宝五符序』巻上)

以上が『太上霊宝五符序』巻上に見える霊宝経の出現譚である。『河図絳象』で一七四字とあったのが、『太上霊宝五符序』では洞窟探検の日数になっている。つまり、洞窟を探索する一日が、一文字を解読することなのだ。それは、その文字が簡単には解読できないからである。

9　天から授かった文字（一）

ここまで、霊宝経の出現譚が讖緯思想から着想されていることがわかった。讖緯思想においても、天から授かった河図洛書は読めない古文字だとされていたが、霊宝経も読めない古文字であり、これを読めるのは、「玄聖素王」の孔子であった。この着想を導入したところに、霊宝経の新しい経典概念を見ることができる。

この点を検討する前に、話を具体的に理解するために、霊宝経に書かれていた古文字とはどんな文字だったのか見ておこう。

現在見られる『太上霊宝五符序』は、明代に印刷された『正統道蔵《しょうとうどうぞう》』所収本で、楷書で書かれている。ところが一部分に、黄帝の書とされる文字「皇人太上真一経諸天名《こうじんたいじょうしんいつきょうしょてんめい》」が載っている（図1）。これらの文字が霊宝経の文字なのだろうか。これは六十字しかなく、包山の洞窟から出現したものは一七四字であるから、別のものである。とはいえ、おおかたこのようなイメージだったのだろう。

このような文字を道教では、天からこの世に出現した文字「天書」と呼ぶ。これらは、何が書

図1:『太上霊宝五符序』巻下「皇人太上真一経諸天名」

いてあるのか。解読するヒントはないのだろうか。

そこで、同じ『太上霊宝五符序』巻下の楷書部分を読み進むと、「太《たい》上《じょう》太《たい》一《いつ》真《しん》一《いっ》之《し》経《きょう》」という文が載せられている。これは、図1の「皇人太上真一経諸天名」と名前が似ている。

楷書の「太上太一真一之経」は、黄帝の物語になっている。黄帝は「三一の真気」という、一種の特殊な気の取り込み方のコツがわからなかった。その解釈を教えてもらうために、各地の名山を巡礼し、色々な仙人に教えを乞うて、その過程で経典や護符や図を授かる。最後に、四川の峨嵋山で「皇人」という者に出会い、やっと「真一」の技法を教わるのである。黄帝と皇人の会話の中に、東西南北中央の天に祈る呪文が載っている。これは東方十二字、南方十二字、中央十六字、西方十二字、北方十二字、合計六十四字である(図2。「東方…」「南方…」「中央…」「西方…」「北方…」部分が呪文)。図1の「皇人太上真一経諸天名」は六十字なので、字数が合わない。しかし両者をよく見ると、図2の六十四字の呪文で同一の漢字を使っている字は、図1の方でもほぼ同一の文字を使っていることに気がつく。例えば、図1の三行目最後の文字は、四行目第四字と五行目第二字と同じ字である。これは、楷書の文で「南方」の呪文の「丹」の字と配置が一致している。だから、この字は「丹」であろう。そのように比較すると、両者は同一の内容と思われる。

目を別の霊宝経典に転じてみよう。『太上洞玄霊宝赤書玉訣妙経《たいじょうどうげんれいほうせきしょぎょくけつみょうきょう》』に同じ楷書の「太上太一真一之経」の東西南北中央の呪文が載っている。そこには天書も載っている（図3）。

つまり、この『太上洞玄霊宝赤書玉訣妙経』は、天書のテキストを楷書に翻訳しているのである。

図1と図3の二つの天書を比較すると、ほぼ同様な書体となっている。両者を逐一照合すると、図

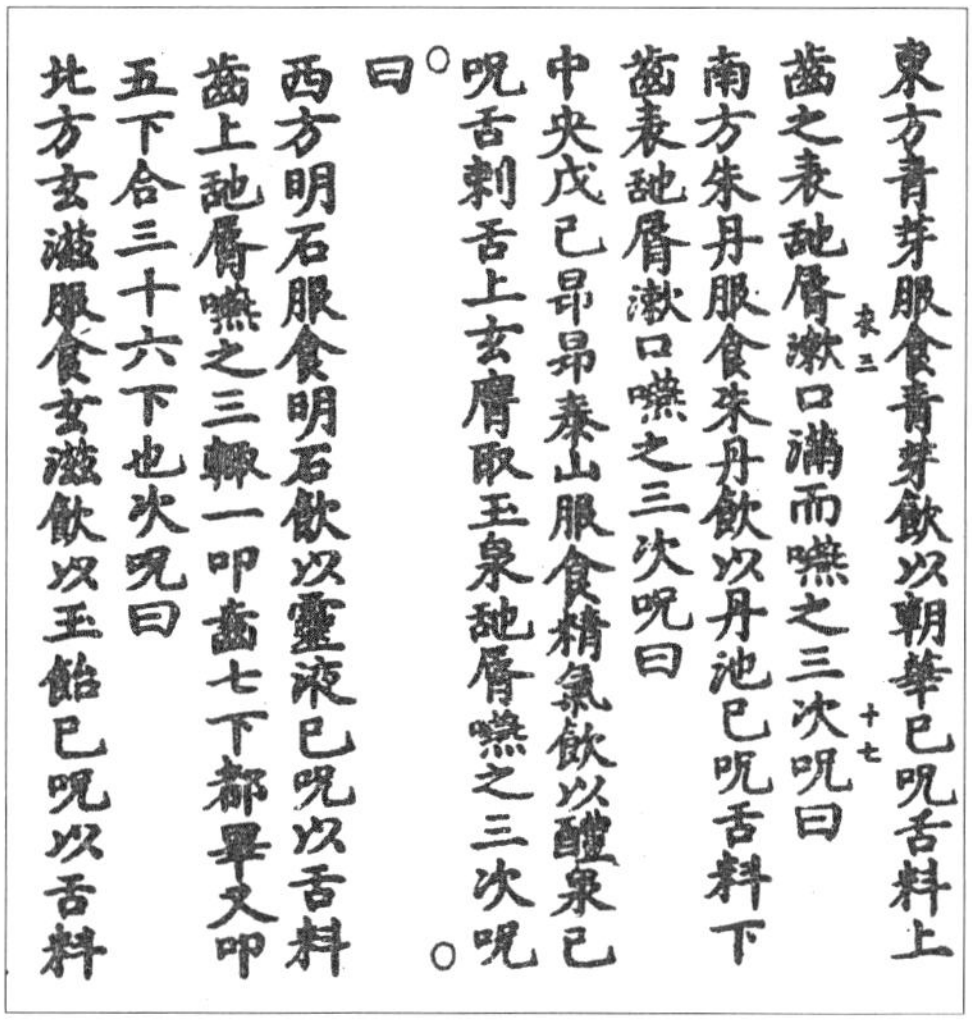

東方青芽服食青芽飲以朝華已呪舌料上
齒之表舐脣漱口滿而嘸之三次呪曰
南方朱丹服食朱丹飲以丹池已呪舌料下
齒表舐脣漱口嘸之三次呪曰
中央戊己昂昂泰山服食精氣飲以醴泉已
呪舌剌舌上玄膺取玉泉舐脣嘸之三次呪
曰
西方明石服食明石飲以靈液已呪以舌料
齒上舐脣嘸之三鄉一叩齒七下都畢叉叩
五下合三十六下也次呪曰
北方玄滋服食玄滋飲以玉飴已呪以舌料

図2：『太上霊宝五符序』巻下の東西南北中央の天に祈る呪文（傍線部）

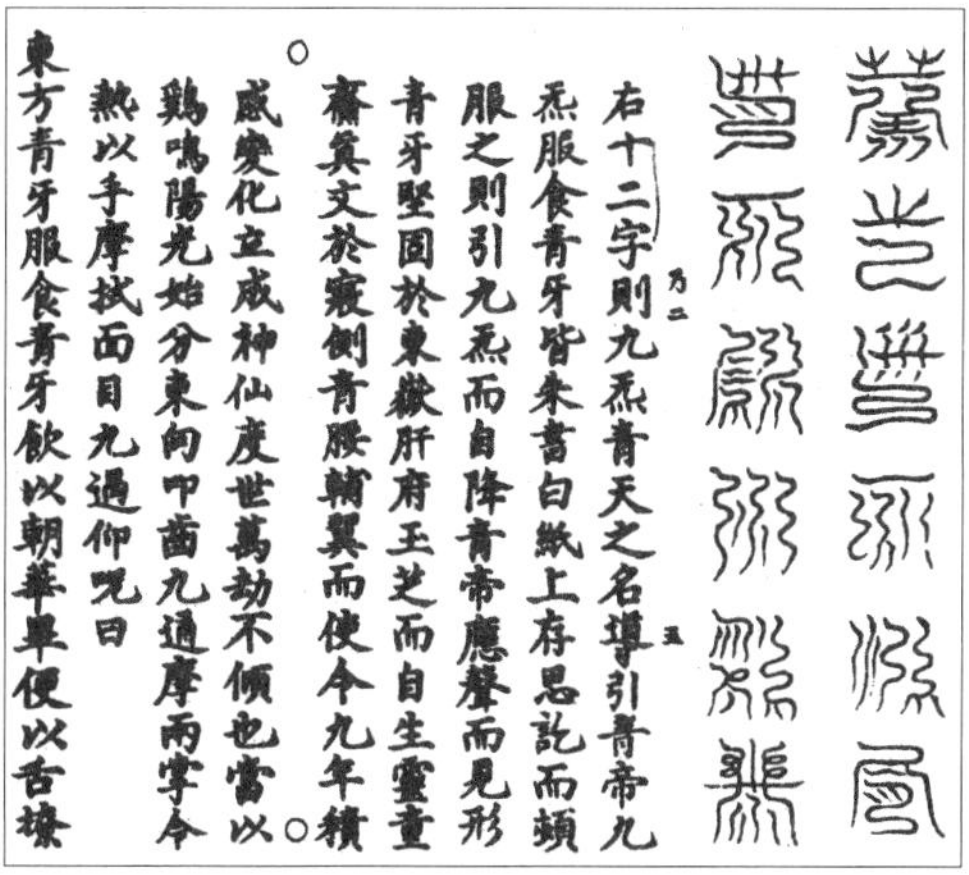

右十二字則九炁青天之名導引青帝九
炁服食青牙皆朱書白紙上存思訖而頓
服之則引九炁而自降青帝應聲而見形
青牙堅固於東嶽肝府玉芝而自生靈童
齎眞文於寢側青腰輔翼而使令九年積
感變化立成神仙度世萬劫不傾也當以
鷄鳴陽光始分東向叩齒九通摩兩掌令
熱以手摩拭面目九過仰呪曰
東方青牙服食青牙飲以朝華畢便以舌撩

図3：『太上洞玄霊宝赤書玉訣妙経』。図の左端に「東方青牙服食青牙飲以朝華」とあるのが天書の翻訳。この呪文は図2の「東方…」と同じ呪文であり、図3の12字の天書は図1の冒頭の11字と似ている。

1の『太上霊宝五符序』巻下の黄帝の書は、三字の脱落と一字の合字（二字が一字に合体している）のせいで字数が不足していることが判明する。

10　天から授かった文字（二）

この作業でもう一つわかるのは、『太上霊宝五符序』が『太上洞玄霊宝赤書玉訣妙経』と関連している、という点である。『太上洞玄霊宝赤書玉訣妙経』は、「五篇真文《ごへんしんぶん》」という天書の音を解釈した経典である。参考に、現行の『元始五老赤書玉篇真文天書経《げんしごろうせきしょぎょくへんしんぶんてんしょきょう》』にある「五篇真文」の一部を図4として載せる。これは全部で六七二字ある。図1と同様の篆書のような書体で書かれている。

「五篇真文」は霊宝経が出現した後、より強力な文字として登場した（＝天から授かった）文字である。こうした天書の導きによって、病気や災禍から逃れて、生死の際を超え、永遠の命を獲得すると考えたのである。歴史的には、東晋末（五世紀初頭）の江南地域で作成されたと考えられている。その社会背景として、東晋王朝末期の混乱がある。人々は王朝の終焉と世界の終わりを結びつけ、その具体的な災禍として江南に頻発する洪水を恐れた。こうした天書の伝承が禹王につながるのも、禹王が治水の聖人とされていたからであろう（禹王については、本シリーズ『人ならぬもの』第三章参照）。

そして、天からの文字が人々を救済する、という信仰を打ち出した経典が出現する。それは『太《たい》上《じょう》洞《どう》玄《げん》無《む》量《りょう》度《ど》人《にん》上《じょう》品《ぼん》妙《みょう》経《きょう》』という。この経典では、宇宙の混沌の状態から文字が発生し、それが三十二天に八字ずつ配置されることで宇宙が生成すると考えている。その根源を「大梵《たいぼん》」という。そして、天地初発の時に発生して、三十二天に八字ずつ分かれた文字を「大梵隠語《たいぼんいんご》」という。これはどのようなものか、『太上洞玄無量度人上品妙経』の説明を読んでみよう。

道言、此諸天中大梵隠語、无量之音、旧文字皆広長一丈。天真皇人昔書其文、以為正音。有知其音、能斎而誦之者、諸天皆遣飛天神王、下観其身、書其功勤、上奏諸天、万神朝礼。地祇侍門、大勲魔王、保挙上仙。道備、剋得遊行三界、昇入金門。此音、無所不辟、無所不禳、無所不度、無所不成、天真自然之音也。故誦之、致飛天下観、上帝遥唱、万神朝礼、三界侍軒、群妖束首、鬼精自止。琳琅振響、十方粛清、河海静黙、山岳呑煙、万霊振伏、招集群仙、天無氛穢、地無妖塵、冥慧洞清、無量玄玄也。

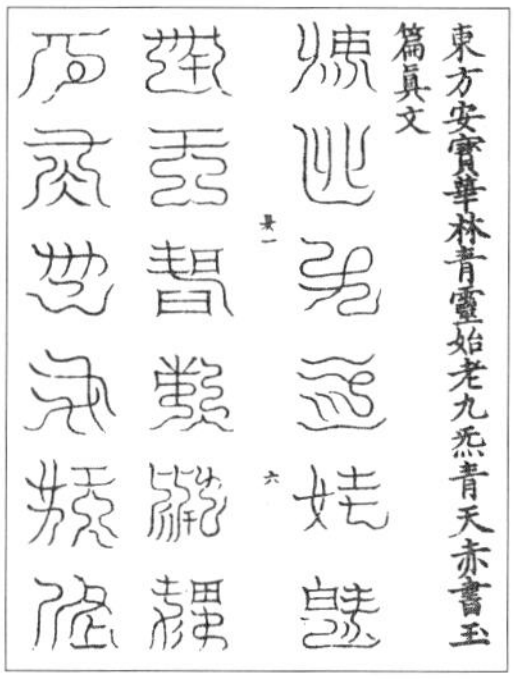

図4:「五篇真文」の一部

「道」〔根源の神〕は言った。これは諸天の中の「大梵隠語・無量の音」であり、もとの文字はすべて一丈もの大きさだ。天《てん》真皇人《しんこうじん》がかつてこの文字を書いて正しい音を決めた。その音を知って斎戒した上で朗誦できる者には、諸天が飛天神王を遣わして、その者の身持ちを見て、天の帳簿にその者の功労を書き込み、諸天にそれを上奏して神々に礼拝してくれる。そして、地の神が家門を守り、魔王が助けて上仙に推挙してくれる。かくて上仙の道が備われば、三界に遊行し、天の金門に昇ることとなる。この音は、どんな所でも邪を避けて祓うことができ、誰でも救って仙人にならせる、天の真なる自然の音である。だからこれを朗誦すれば、飛天を招きよせ、上帝を遥拝し、神々に礼拝し、三界を訪れることができ、妖怪を絞め殺し、魑魅魍魎はおのずと死ぬことになる。涼しいその響きは世界をさわやかにし、河海は静まり、山岳は霧を晴らす。すべての精霊は従い、仙人たちを招きよせる。天地は晴れ渡って塵一つなく、知恵は大いに働いて、道の深奥を悟ることができる。（『太上洞玄無量度人上品妙経』）

ここで注意すべきは、「天真皇人」が「この文字を書いて正しい音を決めた」という点である。つまり、この「天真皇人」という者は、「大梵」から生じたもの（「気」）を文字に翻訳したのである。つまり「天真皇人」は、「道」の意思を伝えるメディアとしての真人の役割をしている。この点について、敦煌から出土した『ペリオ二二五六』という六朝時代末の文書に次のような説明がある。

本文一条、有二義。一者叙変文、二者論応用。変文有六。一者陰陽之分、有三元八会之気以成飛天之書、又有八龍雲篆明光之章也。此三元八会〔之書、変〕通誦之。〔…〕二者演八会為龍鳳之文、謂之地書。書者、舒也。舒布情状、故曰舒也。此下皆玄聖所述、以写天文。三者軒轅之世、蒼頡傍（倣）龍鳳之勢、採鳥跡之文為古文、即為古体也。四者周時史籀変古文為大篆。五者秦時程邈変大篆為小篆。六者秦後盱陽変小篆為隷書、此為六也。

本来の文字についての一条。二つの解釈がある。一つでは変じた文字を述べる。もう一つでは本来の文字の応用を論じる。変じた文字には六種類がある。一つめは、陰陽が分かれた宇宙生成のときに、三元八会《さんげんはちかい》の気が「飛天の書」となった。このほかに「八龍雲篆明光《はちりゅううんてんみょうこう》之《し》章《しょう》」というものもある。これらは三元八会の書であり、発音を変えて読誦する。[…] 二つめは、八会が変わって「龍鳳の文」となったもの。これは「地書」である。「書」は「舒」である。気持ちや様子を舒《の》べ布くので、「舒」だというのである。これより以下はすべて「玄聖」が述べて天の文字を書き写したものだ。三つめは、黄帝の時代に、蒼頡が龍鳳の文字の気勢にまなび、鳥の足跡の文様に取材して「古文」を作った。これは古体である。四つめは、周の時の史籀《しちゅう》が古文を変えて大篆を作った。五つめは、秦の時の程邈《ていばく》が大篆を変えて小篆を作った。六つめは、秦の後に盱陽《くよう》が小篆を変えて隷書を作った。これらが「六書」である。

（敦煌本『ペリオ二二五六』）

これは、原始の文字から通常の漢字に変わるまでのプロセスを六段階に分けて述べている。その中に「玄聖」が登場することに気がつく。

この説によると、宇宙が生成される時、まず陰陽が分かれ、そこに「三元八会」の気が現われた。「三元八会」の気の詳細は不明だが、とにかく何種類かの「気」が陰陽の分裂後に顕現したのである。それらの「気」は宙空に浮かんで文様を示す。これが「飛天の書」「八龍雲篆明光の章」とい

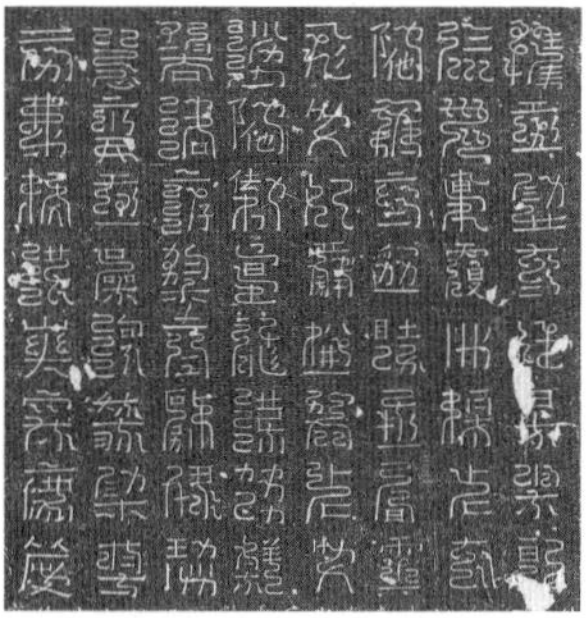

図5：天書の「大梵隠語」。西安郊外から出土した石板の拓本。

われるものである。「八龍」の「八」とは八種類だったことをいい、「龍」は龍のような動き、つまり稲妻か火焰のように、強烈な勢いがありながらくねくねとした動きを表わしているのであろう。「雲篆」の「雲」はまさに煙のような曲線性をいい、「篆」は篆書のような入り組んだ曲線をいう。「明光」とあるから、その文字は光り輝いている。これらは「三元八会の書」ともいい、現世では、本来の発音ではなく、中国語の発音に変えて読誦するという。

第二段階では、「三元八会の書」が変わって「龍鳳の文」となった。これは地上の書である。これ以前が天の文字＝「天書」であるが、これ以下は、地上の人間の実用に供されていることをいう。これらは「玄聖」が天書を書き写したもの、つまり翻訳したものである。

第三段階では、黄帝の時代に、蒼頡が「龍鳳の文」の気勢にまなび、鳥の足跡の文様に取材して「古文」を作った。「古文」というのは漢字の書体の一つ。続いて、小篆に変わり、さらに隷書に変わったという。

さて、蒼（倉）頡、史籀、程邈、盱陽らがしたことは何か。例えば盱陽は、隷書を使っている人々が小篆を読めないので、小篆を隷書に書き換えた、つまり翻訳したのである。同じように、倉頡がはじめて漢字を作った時、その漢字の書体は古文だったが、それは、人々が古文以前の文字（龍鳳の文）を読めないので、倉頡がそれにまねて古文を作り、それを人々に教えたのである。ここで彼らは「玄聖」と呼ばれている。これは『荘子』に見えた「玄聖素王」のことだ。玄聖素王である孔子は、呉王が読めない霊宝経を読んだ、つまり翻訳できた。要するに、霊宝経を信奉する人々にとって、経典は宇宙の根源の「気」＝文字を「玄聖」が何度も翻訳してきたものなのである。

その玄聖のトップは「天真皇人」だということが、前掲の『太上洞玄無量度人上品妙経』でわかる。この神の名前は「真人」と「天皇《てんこう》」（漢代の神）の合体《アマルガム》である。天真皇人の役割は、天命を文字によって授かるという緯書の思考法を、「気」による霊宝経の宇宙生成論に導入したものと言えよう。ここに、『荘子』から緯書を経た「真人」の、さらなる超越的な変容を見ることができる。

参考として、唐代に死者の身体の練り直しと昇仙のために実際に使われた天書の「大梵隠語」を図5に掲げる。これは、玄宗の妹の金仙公主のためのものである。

11　仏教と玄聖の翻訳

霊宝経に見える「玄聖」という措定は、じつは仏教の影響も受けている。

後漢以降、仏教の伝来とともに仏教経典が中国語に翻訳された。インド哲学のブラフマンを音訳して「梵」という字を新たに作り、サンスクリットを「梵語」「梵字」と称するようになった。竺《じく》法護《ほうご》（二三三?―三一〇?）が三〇八年に中国語に翻訳したとされる『普曜経《ふようぎょう》』には、インドの六十四種類の文字名が列挙されているが、その第一が「梵字」、第二が「佉楼字」（カロシティ文字）である。また、宋の慧厳《えごん》（三六三―四四三）らの『大般涅槃経《だいはつねはんぎょう》』によると、梵字は釈迦が創ったという。

こうした梵字は「天書」とも呼ばれた。「天書」という語は、サンスクリットの「devalipi」の訳語であり、その意味は「天神の文字」であった。その一方でこの語は、劉向が河図洛書の文字を「天の文字（天文）」と呼んでいたことを想起させる。「天書」と「天文」、おそらく、六朝時代の人々は、天命の文字と聖人の関係をアナロジーとして、サンスクリットと釈迦の関係を考えるようになったのではなかろうか。そうすると、霊宝経の文字のことを「天書」と称したのも、緯書だけでなく、仏教と関連があるとも考えられる。簡単に言えば、道教の「玄聖」と文字の関係は、讖緯思想と仏教の両者から影響を受けている。

仏教では、インドの言語で書かれた経典を中国語に翻訳することが必要である。このため、多くのインド僧が訳経にあたった。中国の仏教徒からすれば、彼らは自分たちが読めない仏教の「天書」を読める人である。道教の「天書」を翻訳する天真皇人の役割は、これと同じである。

もう一点興味深いのは、天真皇人が「大梵隠語」の文字とともに「音」を決めたという点である。『太上洞玄無量度人上品妙経』は「大梵隠語」のことを「この音は、どんな所でも邪を避けて祓うことができ、誰でも救って仙人にならせる、天の真なる自然の音である」と述べていた。つまり霊宝経では、大梵（道）が顕現した「気」は、文字であり音声であると考えているのである。このように文字と音声の不可分を強調することは、河図洛書伝説にも緯書にも見られなかった。ところが仏教では、経典は「わたしは釈迦からこう聞いた（如是我聞）」というもので、梵字は釈迦の声を表わす。訳経僧が漢字に翻訳したものも、釈迦の声を表わす。このことから、玄聖が文字とともに音声をも提示したという霊宝経の考え方は、仏教との関連で発想されたのであろう。

もう一点、気になることがある。霊宝経は天書と漢字を結びつけるのに、まず天から地へ、それから長い時間的な距離を置いていた。それは、書体の変化という歴史事実を玄聖の仕業として、天書から地書への下降を、歴史上におこなわれた玄聖の仕事の一つと説明した。つまり、天と地の距離を「歴史」に読み換えたわけで、歴史的につながっているから、現在の漢字で天書を翻訳できる。霊宝経を信奉する人々は、この観点に立って、宿敵である仏教界を批判した。つまり、サンスクリットやカロシティは異国の文字であり、それを中国の漢字に翻訳できる根拠は何なのかと。梁の僧《そう》祐《ゆう》（四四五―五一八）の次の説は、そんな意見を意識して対抗しているように読める。

昔造書之主凡有三人。長名曰梵、其書右行。次曰佉楼、其書左行。少者蒼頡、其書下行。梵及佉楼居於天竺、黄史蒼頡在於中夏。梵佉取法於浄天、蒼頡因華於鳥跡。文画誠異、伝理則同矣。仰尋先覚所説、有六十四書、鹿輪転眼、筆制区分、龍鬼八部、字体殊式。唯梵及佉楼為世勝文、故天竺諸国謂之天書。西方写経、雖同祖梵文、然三十六国往往有異。譬諸中土、猶篆籀之変体乎。案蒼頡古文、沿世代変、古移為籀、籀遷至篆、篆改成隷、其転易多矣。至於傍生八体、則有仙龍雲芝。二十四書、則有揩草鍼殳。名実雖繁、為用蓋尠。然原本定義、則体備於六文、適時為敏、則莫要於隷法。

昔、文字を造った人は全部で三人いた。年長は名を「梵」といい、その文字は左から右へ書いた。二番目は「佉楼」といい、その文字は右から左へ書いた。年少は「蒼頡」といい、その文字は上から下へ書いた。梵と佉楼は天竺にいて、黄帝の史官の蒼頡は中国にいた。梵と佉楼は浄天を手本として文字を造り、蒼頡は鳥跡の文様によって文字を造った。画かれた文様は確かに異なっているが、道理を伝えるという点では同じだ。仰いで仏陀の説を尋ねてみるに、六十四種類の書があり、鹿輪書と転眼書とでは筆法がことなり、龍鬼書と八部書では書体が異なる。ただ梵と佉楼は、世の中で最も優れた文字である。だから、天竺の諸国はこれらを天書とよぶ。西域諸国の写経はすべて梵字を祖としているが、三十六国の間には相違する書体がある。これは、中国に篆書や籀書などの変体があるようなものだ。思うに、蒼頡が造った古文にしても、世の推移につれて変化した。古文が籀書に変わり、籀書が篆書に変わり、篆書が変化して隷書になったように、その変化は少なくない。さらに八体から派生して仙龍書や雲芝書ができ、二十四書として楷書・草書・鍼書《しんしょ》・殳書《えきしょ》があるなど、書体の名称や種類は数多くあるが、これらは実用的ではない。文字の根本を尋ね、その意義を考えるなら、本体は六体（六書）に備わっている。時の変化につれて敏速に対応できる点では、隷書より重要なものはない。

（『出三蔵記集』巻一「胡漢訳経音義同異記」）

これによれば、梵と佉楼と蒼頡は一つの真理（仏の声）から生まれた兄弟だから、漢字は天書の翻訳を正しくおこない得る、というのである。つまり、インドの文字を漢字に翻訳できる理由を、兄弟のアナロジーで説明している。その一方で、梵と佉楼は浄天（＝天）を手本とし、蒼頡は鳥跡（＝地）を手本とした、と天地の関係にも措定し、蒼頡が末っ子であるのと相まって、漢字を下位に置くことも忘れていない。

以上を要するに、霊宝経は仏教の音声と文字の関係を「道」の生成論に導入することによって、新しい宇宙観を創出した。すなわち、インドの天上も中国の天上も同一の天上であり、仏教でいう「梵」とは「道」であり、仏の声とは「梵音」つまり「道」の音声と同一である。しかし、「道」の顕現は音声であるとともに文字である。中国では、それを「玄聖」が翻訳して漢字で地上に教えられる。したがって、仏教より道教の方が優れて真理を伝えている。このような宇宙観において、天と地の間に立つメディアあるいは翻訳者としての「天真皇人」「玄聖」の役割が重要となった。

12　おわりに

ここまで、戦国末から着手して、『荘子』、始皇帝、前漢末から後漢の緯書、六朝時代の道教経典と仏教などに登場する「聖人」「真人」「玄聖」を、文字との関わりから概観してきた。本章の最後に、茅山の道教の「真人」の信仰と、「玄聖」によって天書が地上にもたらされる霊宝経の信仰が、真人をめざした始皇帝を意識したとおぼしき唐の玄宗皇帝によって、歴史に浮上する様子を瞥見しよう。

南北朝時代が終わり、六一八年に李氏が政権を執って唐王朝を打ち立てると、王朝の遠祖として同姓の李耳、すなわち老子を崇敬し、仏教とともに道教を篤く信奉した。その後、則天武后による李氏の危機的状況を過ぎて、玄宗が七一二年に帝位に即くと、より一層の道教政策を打っていく。則天武后による危機的状況とは、彼女は李氏皇族を次々に殺害し、国号を周に変え、仏教を非常に尊重したからだ。その反作用で、則天武后の後、七〇五年に中宗が復位、続いて睿宗が即位すると、道教尊重の気風が回復した。則天武后によって殺害された皇族の慰霊（身体の錬《ね》り直しと昇天）は、「大梵隠語」を使った霊宝経の儀礼でおこなわれた。皇族の慰霊のために道教に出家した、玄宗の妹の金仙公主の「大梵隠語」を前掲した（図5）。玄宗の政策により、『老子道徳経』『荘子南華真経』などの研究と教育が広範におこなわれ、荘子は「南華真人」とよばれた。

玄宗は、みずから道教儀礼の作法を学び、司馬承禎《しばしょうてい》（六四三―七三五）という道士に師事した。司馬承禎は、全国の名山にある「洞天」を尊重する茅山の道教の伝統をまとめ直し、玄宗に教示した。それによれば、全国に十箇所の大洞天と三十六箇所の小洞天があり、それぞれ「真人」がそこを統治している。それらは、地下で相互につながっており、その洞窟を通して、皇帝は真人に祈願のメッセージを届けることができる。

司馬承禎は、当時の国家祭祀であった儒教による五岳の祭祀や封禅に対して、洞天に棲む真人への道教儀礼を優越させようとした。彼の聖地分類によれば、五岳は小洞天の第二から第五であって、大洞天の下位に位置づけられている。そして、つぎのような建議をした。

今五嶽神祠、皆是山林之神、非正真之神也。五嶽皆有洞府、各有上清真人降任其職、山川風雨、陰陽気序、是所理焉。冠冕章服、佐従神仙、皆有名数。請別立斎祠之所。玄宗従其言、因敕五嶽各置真君祠一所、其形象制度、皆令承禎推按道経、創意為之。

「今の五岳の神祠は、すべて山林の神であって、正真の神ではない。五岳の地下にはすべて「洞府」（洞天）があり、それぞれ上清の天から真人が降って、そこの任に就いている。山川の風雨や陰陽の気の状態は、彼らがコントロールしている。彼らの容姿服飾や秘書役の神仙などには、すべて決まりがある。神祠とはべつに、真人を祀るための施設を建てていただきたい」。玄宗はこれを聞き入れ、勅令を出して五岳にそれぞれ「真君祠」を一箇所ずつ置き、そのデザインや制度は、すべて司馬承禎が道教経典に準じつつ、彼の創意で作成した。

（『旧唐書』司馬承禎伝）

こうして七三一年には五岳と二洞天、合計七つの祠廟の建設が一気におこなわれた。

その十年後、七四二年に玄宗は、道教による大がかりなプロパガンダのショーとパレードを挙行した。老子（玄元皇帝）が長安の丹鳳門の宙空に現われ、霊符が関令尹喜の故宅にあると告げたというのである。関令尹喜とは、『列仙伝』にあるように、老子を引き留めて『道徳経』を書かせた人物であり、当時は「尹真人」とよばれていた。その故宅とは、長安の南につらなる終南山の楼観という道観（道教の寺院）のこと。「霊符」はめでたい護符であり、おそらく大きな白い石（終南山では白い石が採れる）に古文字が刻まれていたのであろう。玄宗は使いを遣って楼観現地においてこの符をみいだし、これを長安までパレードして玄元皇帝廟に安置した。そして、この年を「天宝」と改元した。

この設定は、後漢の光武帝がおこなった「赤伏符」のプロパガンダ（前述）を利用したものである。玄宗の場合は、天から文字を授かったのではなく、老子（道教の神）から文字を授かっているので、少し相違するように感じられる。しかし、玄宗にとって老子は天と同一であるから、これは緯書の思考法を道教に導入したものであり、霊宝経の天書の考え方を使った設定である。そして、改元した「天宝」という年号は、緯書に見えたように、始皇帝が黒帝の使いから授かった言葉と同一である（一七四頁）。

このように、『荘子』から始まった「真人」および文字をめぐる問題は、道教を通って大きく発展し、玄宗時代には歴史の表で政治的に大いに利用されたのであった。玄宗は、洞天に棲む真人に国家の安寧を祈願するという作法を実際におこなっただけでなく、その考え方を海外に輸出もした。そのために新羅に赴いた道士の資料が出土している（「皇甫奉謜墓誌」）。

そこから考えると、「真人」という語が日本古代とも関わっていることに思い至る。天武天皇（六七三〜六八六在位）の諡《おくりな》（死後の呼び名）を『日本書紀』では「天渟中原瀛真人《あまのぬなかはらおきのまひと》」と記しているのである。これは、唐代の道教が日本古代に影響したわけで、興味深い現象だが、すでに紙幅が尽きた。それにつけても、この語の歴史的な展開は広大で、本章ではほんの一端しか示せなかったと言うべきであろう。

底本

呂不韋『呂氏春秋』、陳奇猷『呂氏春秋校釈』、上海、学林出版社、一九八四年
司馬遷『史記』、点校本二十四史修訂本、北京、中華書局、二〇一三年
孔安国伝、孔穎達正義『尚書注疏』、黄懐信整理『尚書正義』、上海、上海古籍出版社、二〇〇七年
許慎『説文解字』、段玉裁『説文解字注』、台北、藝文印書館影印
李昉ほか『太平御覧』、上海涵芬楼影印宋本復製重印、北京、中華書局、一九六〇年
瞿曇悉達『開元占経』、『景印文淵閣四庫全書』第八〇七冊、『唐開元占経』、台北、台湾商務印書館、一九八三―一九八六年
馬驌『繹史』、王利器整理、北京、中華書局、二〇〇二年
王弼、韓康伯注、孔穎達等正義『周易注疏』、邱燮友分段標点『周易正義』、台北、新文豊出版、二〇〇一年
班固『漢書』、北京、中華書局、一九六二年
范曄『後漢書』、北京、中華書局、一九六五年
呉淑『事類賦注』、冀勤など校点、北京、中華書局、一九八九年
葛洪『抱朴子』内篇、王明『抱朴子内篇校釈』増訂本、北京、中華書局、一九八五年
陶弘景『真誥』、趙益点校本、北京、中華書局、二〇一四年
『太上霊宝五符序』、『道蔵』、北京、文物出版社ほか影印本
『太上洞玄霊宝赤書玉訣妙経』、『道蔵』、北京、文物出版社ほか影印本
『元始五老赤書玉篇真文天書経』、『道蔵』、北京、文物出版社ほか影印本
『太上洞玄無量度人上品妙経』（敦煌本）、張繼禹主編『中華道蔵』、北京、華夏出版社、二〇〇四年
『ペリオ二二五六』、『敦煌道蔵』、北京、全国図書館文献縮微復制中心、二〇〇〇年
僧祐『出三蔵記集』、蘇晋仁・蕭錬子点校本、北京、中華書局、一九九五年

『旧唐書』、校点本、北京、中華書局、一九七五年

参考文献

福永光司『道教と日本文化』、人文書院、一九八四年
吉川忠夫「真人と革命」、『六朝精神史研究』、同朋舎出版、一九八四年
楠山春樹『道家思想と道教』、平河出版社、一九九二年
楠山春樹訳『呂氏春秋』、明治書院、一九九六年
吉川忠夫・麥谷邦夫編『真誥研究（訳注篇）』、京都大学人文科学研究所、二〇〇〇年
謝世維『天界之文――魏晋南北朝経典研究』、台北、台湾商務印書館、二〇一〇年
土屋昌明「唐代道教の文字観――『雲笈七籤』巻七訳注研究」、『専修大学人文科学研究所月報』第二四九号、一―四三頁、二〇一一年二月
土屋昌明「金仙公主の墓葬からみた玄宗期長安道教の文字観」、國學院大學中国学会『國學院中国學會報』第五七輯、二一―三八頁、二〇一二年三月
土屋昌明「第一大洞天王屋山洞の陽台観と紫微宮の現況」、『洞天福地研究』第三号、三五―五四頁、二〇一二年三月
土屋昌明「道教の新羅東伝と長安の道観――「皇甫奉謜墓誌」を中心に」、日本道教学会『東方宗教』第一二二号、一―三三頁、二〇一三年十一月
謝世維『大梵弥羅』、台北、台湾商務印書館、二〇一三年
池田知久『荘子（上）全訳注』、講談社（講談社学術文庫）、二〇一四年
――『荘子（下）全訳注』、講談社（講談社学術文庫）、二〇一四年
土屋昌明「霊宝経十二部「本文」の文献的問題から道教の文字説へ」『洞天福地研究』第五号、五一―八〇頁、二〇一四年三月

第三章　狂者について

中国で生まれた著述の中で、「狂」の字がつく最も有名な作品は、魯迅《ろじん》（一八八一—一九三六）の『狂《きょう》人日記《じんにっき》』（一九一八年）に指を屈するだろう。極度の被害妄想に苛まれた狂人の日記を通して、礼教の伝統を告発した小説である。それは、虚飾にいろどられた伝統を打破するものであるとともに、中国で培われた狂者の伝統に棹さすものでもあった。本章では、『論語』に淵源する「狂者」が、中国の文人・知識人にどう引き継がれていったのかを通観する。

1　近代中国における狂

「狂」とは、精神的に異常をきたした者を指す語であるが、『論語』では、周囲から孤絶しながら理想を語る人物として評価されている。以後、狂者は現実社会に対して異議を申し立てる存在として中国の歴史の中に位置づけられる。精神的異常者の眼を通して「中国四千年の食人の歴史」の欺瞞を果敢に揚抉したのが『狂人日記』であった。『狂人日記』に先立ち、魯迅は『魔羅詩力説《まらしりょくせつ》』（一九〇七年）において、サタン（魔羅）とあだ名されたバイロンを顕彰し、次のように述べている。

彼の生涯は、怒濤の如く、疾風の如く、一切の虚飾と陋習を、ことごとく吹き飛ばし、洗い流した。前後を顧慮することは、もとよりその知るところではなかった。その鬱勃たる精神は、何ものもこれを抑制することができなかった。［…］そしてまた、天性の赴くままに行動して、忌み隠すことがなかった。世間の毀誉褒貶、是非善悪は、俗習によるもので、真実ではないと考えていたので、ことごとくこれを棄てて顧みなかった。（松枝茂夫訳）

ここで描写されるバイロンの姿は、中国の伝統的な狂者を彷彿させる。そこにニーチェの超人を付け加えてもよい。この時期、魯迅は『ツァラトゥストラ』を愛読し、短い部分であるが自身で翻訳もし、『魔羅詩力説』にもニーチェの説を援用している。魯迅はまた、狂者の系譜に連なる「竹林の七賢」に思いを寄せ、その内の一人である嵇康《けいこう》の文集を校定して出版してもいる。サタンや「超人」をも含めた狂者に対する魯迅の共感のほどがうかがえる。

その魯迅が実際に謦咳に接した狂者として、章太炎《しょうたいえん》（章炳麟《しょうへいりん》、一八六八―一九三六）を挙げることができる。「章瘋子（いかれた章）」とあだ名された章太炎の狂者ぶりについて、魯迅は、「その生涯をふりかえっても、大勲章を扇のふさ飾りにしたり、総統府の門前に出向いて、袁世凱の秘めた野望をおおいにののしったりしたことは、世に追随する人をもたない」と述懐している（「関於太炎先生二三事」）。

魯迅は、日本留学中の一九〇八年より、章太炎が中国人留学生相手に行っていた『説文解字《せつもんかいじ》』の講義に参加していた。魯迅は章太炎の死を追悼した文章で、講義の内容は一文も覚えていないとしながら、「学問ある革命家」としての章太炎と、その「戦闘的文章」を讃えている。

章太炎自身、「東京留学生歓迎会演説辞」（一九〇六年）において、次のように「狂」を自負していた。

あなた方が私を瘋癲であるとか、神経病であるとか見なし、また私のことを瘋癲だと言ったり、神経病だと言ったりしているのを聞くと、かえって格別に嬉しく感じます。どういう理由かというと、およそきわめて常と異なる意見というのは、神経病でない人間には決して思いつくことができませんし、たとえ思いついたとしても、口に出す勇気はないからです。辛く苦しいことに直面した時、神経病でない人間には、何度挫折しても諦めず、たった一人で自分の意志を貫くということはできません。ですから昔から大変に学問があったり、大事業を成し遂げたりした人は、必ず神経病であったからこそ、それができたのです。

章太炎は、この講演を「要するに、私の神経病を諸君に伝染させ、さらに四億人に伝染させようとするのである」とまとめている。中華民族四億人が狂者として覚醒すること、これが章太炎のめざす革命であった。

章太炎と同世代の譚嗣同《たんしどう》（一八六五―一八九八）は、世の中に「慷慨」し、「任侠を好む」人物（梁啓《りょうけい》超《ちょう》「譚嗣同伝」）であるが、その代表作『仁学《じんがく》』の激烈な文章からすれば、「狂」の素質を十分具えているといってよい。

網羅重重、与虚空而無極。初当衝決利禄之網羅、次衝決俗学若考拠若詞章之網羅、次衝決全球群学之網羅、次衝決君主之網羅、次衝決倫常之網羅、次衝決天之網羅、次衝決全球群教之網羅、終将衝決仏法之網羅。然真能衝決、亦自無網羅、真無網羅、乃可言衝決。故衝決網羅者、即是未嘗衝決網羅。

〔この宇宙に張り巡らされた〕網は幾重にもなっていて、虚空と同じく果てがない。最初に財産や地位という網を突き抜け、次に考証や詩文といった俗学という網を突き抜け、次に全世界のさまざまな学問という網を突き抜け、次に君主という網を突き抜け、次に人倫の道という網を突き抜け、次に天という網を突き抜け、次に全世界のさまざまな教えという網を突き抜け、最後に仏法という網を突き抜ける。しかし真の意味で突き抜けることができる者にとっては、網はおのずから存在しないのであるし、真の意味で網が存在しなくなってこそ、突き抜けたといえるのである。ゆえに網を突き抜けたというのは、すなわちいまだかつて網を突き抜けたことがないということなのである。

（『仁学』自序）

あらゆる既成の枠組を突破した先にあるのは一種の悟りであり、仏法という網を突き抜けろというのは、「仏に逢えば仏を殺せ」という臨済《りんざい》の教えに通じている。悟ったあかつきには心の奥底は平静なのだろうが、そこに至る過程において、あるいは悟った後でもその悟りを表現しようとする段階において、狂の要素が登場するのである。譚嗣同は、この世の苦を「涙を流して大声をあげて哀しみ（流涕哀號）」ながらつづり、そして刑場の露と消えた。

2 唐代の詩人と狂

革命のエネルギーとしての狂は、総説でも述べた『論語』における狂にも通じるところがある。ここからは歴史的な狂者観として、特に唐代と明代の事例を取り上げてみることにしよう。

安史の乱を分水嶺として、権力の中枢から離れた文人のあいだで、「狂」の振る舞いが意匠として広まっていく。大酒をあおって奔放な生き方をした話題の人物を八人まとめて詩にしたのが、杜甫《とほ》（七一二―七七〇）の「飲中八仙歌」である。

知章騎馬似乗船、眼花落井水底眠。
汝陽三斗始朝天、道逢麴車口流涎、恨不移封向酒泉。

左相日興費万銭、飲如長鯨吸百川、銜杯楽聖称避賢。
宗之蕭灑美少年、挙觴白眼望青天、皎如玉樹臨風前。
蘇晋長斎繍仏前、酔中往往愛逃禅。
李白一斗詩百篇、長安市上酒家眠、天子呼来不上船、自称臣是酒中仙。
張旭三杯草聖伝、脱帽露頂王公前、揮毫落紙如雲煙。
焦遂五斗方卓然、高談雄辯驚四筵。

知章《ちしょう》は馬にまたがるに　船に乗るごと　ゆらゆらと　まなこちらつき　井戸に落つ　水の中でも夢うつつ

汝陽《じょよう》　三斗の酒喰らい　ようやく天子に御目どおり　麹の荷車目にするや　口から涎を垂れ流す　残念なのは　酒泉へと配置転換されぬこと

左相《さしょう》は日々に万銭を費やし遊びふけりおり　飲めば鯨が口開けて　百川の水吸うが様《よう》　あおるは清酒ばかりにて　政治やどぶろく願い下げ

宗之《そうし》　風貌あかぬけて　並々ならぬ美少年　さかずき挙げて白眼むき　はるか青天ながめやる　その美しさ　風受けて　玉の樹木の揺れる様

蘇晋《そしん》　刺繍の御仏《みほとけ》の前で　長らく物忌みす　明けて酔いなば　時として禅に走るを好むなり

李白《りはく》　一斗の酒喰らい　詩百篇を吐き出す　長安市街の飲み屋にて　今日もつぶれて眠り入る　天子のお呼びかかりても　舟遊びにはつきあえぬ　酔ってみずからうそぶくに

われは酒中の仙なりと
張旭《ちょうきょく》　三杯酒喰らい　草書の神技を披露する　冠脱いで　王公の前で頭をまる出しに
　筆をふるうは紙の上　たちまち雲海立ち上る
焦遂《しょうすい》　五斗の酒喰らい　はじめて背筋がしゃんと伸び　高談雄弁自在にて　居並ぶ者の度
　肝ぬく

筆頭の賀知章《がちしょう》（六五九―七四四）は、晩年「四明狂客」と号して隠棲した人物。蘇晋《そしん》は不飲酒の戒めを破っているのが「逃禅」の気風とされる。張旭《ちょうきょく》は「張顚」（いかれた張）とあだ名された能書家。頭に墨をつけて、字を書くパフォーマンスをよくした。「張顚素狂」と並称される懐素《かいそ》もまた、僧侶にして酒を好んだ人物であった。彼らの行為の一部は、竹林の七賢を彷彿させる。竹林の七賢もまた、阮籍《げんせき》（二一〇―二六三）、劉玲《りゅうれい》など、大酒飲みには事欠かない。汝陽郡王李璡《りれん》の酒泉への配置願いは、役所に酒が貯蔵されていることから歩兵校尉になった阮籍に類し、崔宗之《さいそうし》の「白眼」もまた阮籍の故事がある。彼らの「狂」なるふるまいは、表舞台から身を引いた韜晦のポーズである場合もあれば、張旭のように新たな表現方法を追求する過程で選び取られた場合もあった。後者の場合、尋常ならざる行為が見世物としての価値を生んでいるという面もある。『封氏聞見記《ほうしぶんけんき》』（巻五、図画）に拠れば、顧《こ》という画家は、大きな絹布を床に敷き、数十人が笛を吹き太鼓を鳴らし、百人ががなり立てる中、酒を飲んで半分酔ったところで、ジャクソン・ポロックよろしく、墨汁をまき散らし、そこから山や島を描いたという。狂であることは現実の規範からの逸脱を意味し、規範との落差が価値を生んで、狂者がもてはやされる。殷の紂王からの迫害を免れるために狂者のふりをした箕子《きし》や、司馬氏から目をつけられぬよう酒に沈湎する阮籍のような切迫さなしに、ただ現実との落差から生みだされる価値を得んがために狂を演出する者も大勢いただろう。唐代の書家である李邕《りよう》（六七四―七四六）の言として伝えられる、「顚ならず狂ならずんば、その名彰《あき》らかならず（不顚不狂、其名不彰）」という一句（『太平御覧』巻二二三引『唐書』）は、こうした風潮を踏まえていよう。

晩年にみずからの詩を「狂言綺語」と評した白居易《はくきょい》（七七二―八四六）は、しばしば自身の詩で「狂」という文字を使っている。一例として、牛僧孺《ぎゅうそうじゅ》（字は思黯《しあん》、七七九―八四八）に宛てた詩「酬思黯戯贈」を挙げよう。白居易は、自注で「思黯が近頃、鍾乳を三千両も服薬してひじょうに精力が出て、また歌舞のための妓女もきわめて多いのを自慢して、詩を寄こし、私の老いさらばえた様子をからかったので、こちらからもからかって応酬した」と述べ、次のように詠んでいる。

鍾乳三千両、金釵十二行。
妬他心似火、欺我鬢如霜。
慰老資歌笑、銷愁仰酒漿。
眼看狂不得、狂得且須狂。

鍾乳の強精薬を三千両　金かんざし十二も列ねた妓女多数
よそさまを羨む心炎のよう　君笑う私の髪は霜のよう

年寄りを慰めるには歌・笑い　悲しみを消すには酒をあおるのみ
君にすりゃわたしは狂えてないらしい　狂えればしばらく気ままに狂うまで

これについて牛僧孺からは、「あなたが狂っていないとはこれっぽっちも言っていない、恨むはあなたが私に狂を教えてくれぬこと（不是道公狂不得、恨公逢我不教狂）」と詠んだ返詩がある。それに応えて白居易はさらに次のように詠む。

狂夫与我世相忘、故態些些亦不妨。
縦酒放歌聊自楽、接輿争解教人狂。

狂夫であるならわたくしと　浮世を忘れ暮らさぬか　いつもの醜態ちらちらと　出そうがいっこうとがめなし
酒をあおって放吟し　しばし自ら楽しまん　昔の狂人接輿とて　人狂わせるはできぬこと
（「又戯答絶句」）

これらの応酬において、「狂」は肯定的評価として用いられ、白居易は自らの狂を牛僧孺のそれとは区別しながら、牛僧孺の狂を認めてエールを送っている。世間の規範から逸脱した振る舞いをするという点で両者は共通しているが、逸脱の方向は違っており、両者の規範からの距離と、両者間の距離が、これらの詩の眼目となっている。

次の蘇軾《そしょく》（一〇三六―一一〇一）の詞は、はっきりと白居易の系譜を襲っている。

白酒新開九醞、黄花已過重陽。身外儻来都似夢、酔裏無何即是郷、東坡日月長。
玉粉旋烹茶乳、金虀新擣橙香。強染霜髭扶翠袖、莫道狂夫不解狂、狂夫老更狂。

白く濁った酒の樽　開ければ丁寧につくった香り　黄色い菊が咲きほこる　長月の節句は
もう過ぎたれど　よそからふいに訪れた　種々のことはみな夢のよう　酔いがまわれば
いずこか問わず　これぞ名にし負う無何有の郷　ここ東の丘　時がゆっくり流れゆく
宝のような茶の粉を　すばやく煮立てて茶を泡立てる　刻んだ生姜　とりたての　だいだ
いに和えればさらにかぐわし　なんとか染めた口ひげで　めかしこんだ娘に手を差しの
べる　「おまえは狂のふりをして　狂にあらず」と言うなかれ　狂者年老いて　その狂
ますますさかんなり
（「十拍子」）

美酒を愛で、花を愛で、『荘子』の描く自由な境地に遊ぶ――「儻来」や「無何」の「郷」といった表現は『荘子』に基づく――。また、茶や小料理を味わい、女性と歓を尽くし、狂なる振る舞いにふける。最後の一句は、杜甫の七言律詩「狂夫」の末句「自ら笑う　狂夫老いて更に狂なり」を踏まえる。杜甫の場合は、世間と折り合わずに困窮する現況を自嘲して「狂夫」という語が使われているが、蘇軾の場合、そのような卑下はない。享楽の洗練に世間との差異を見出し、その差異に彩られた生活を、一方で無何有の郷＝ユートピアとみなし、他方で狂の発現する場とみるのである。

3　唐代の禅と狂

譚嗣同も章太炎も、その思想形成に唯識の影響を強く受けているが、狂という概念と最も結びつきやすい仏教の流派はやはり禅、それも南宗禅である。修行の実践と直観を重視する禅は、法灯を継いだ神秀《じんしゅう》（六〇六―七〇六）の時代に、則天武后の庇護を受けるなど大いに流行したが、神秀系統の禅を批判して頓悟を主張する神会《じんね》（六六八―七六〇）の系統（南宗禅）が、安史の乱以後、勢力を伸ばした。唐代の禅師は、同時代の詩人たちとも交流があり、世間の規範にとらわれないという点では両者は一致をみる。しかし禅師は、規範からの逸脱それ自体に価値を見出しているわけではない。彼らが狂なる行為にはしるのは、狂を目的としてではなく、真理探究の必然的過程としてである。彼らは常識的な行為、習慣的な行為を打ち払うことで、事物の真の姿が把握できると考えた。現実の規範との乖離が事前に意識されることはなく、現実の規範を度外視した真実の追究の徹底が、結果として規範との落差をもたらし、それが狂として自覚されるのである。『論語』陽貨篇に「昔の狂はのびやかなものだったが、今の狂は羽目を外している（古之狂也肆、今之狂也蕩）」とあるが、禅師の狂は、昔ののびやかな狂に通じるものと言えるだろう。

森鷗外の短編でも有名な唐代の僧寒山《かんざん》は、詳しい伝記はわからないものの、その作と伝えられる詩が数多く残されており、彼の狂顚ぶりが率直に表明されている。

寒山出此語、復似顚狂漢。
有事対面説、所以足人怨。
心直出語直、直心無背面。

おいらがしゃべるあれこれは　やっぱりいかれた人のよう
言うときゃ面と向かって言う　だから人には怨まれる
心も言葉もまっすぐだ　まっすぐな心にゃ裏がない

時人見寒山、各謂是風顚。
貌不起人目、身唯布裘纏。
我語他不会、他語我不言。
為報往来者、可来向寒山。

近頃のやつはおれを見りゃ　てんでにいかれていると言う

（『寒山詩』）

顔は見られたものでなし　布の上衣をはおるのみ
おれの話は伝わらず　やつらの話は口にせず
だから道行くものに言う　こっちでおいらに向かい合え

（同上）

世間を気にせず、自分が正しいと思うことを貫く矜持が横溢した詩である。二つ目の詩の尾聯について、柳田聖山は、「寒山の眼からみると、往来の人びとはみな前生のわれである。ひとつ、寒山にやってきてくれ、世世生生のつきぬ形影問答をやろうじゃないか」と敷衍している（『禅思想』一九六頁）。

臨済義玄《りんざいぎげん》（？―八六七）と同時期の普化《ふけ》（生没年不詳）は狂僧として知られた。ある日、臨済が僧堂で河陽《かよう》、木塔《もくとう》の二人の長老と普化の噂をして言う。

普化毎日在街市掣風掣顚、知他是凡、是聖。

普化は毎日城内に出かけて顚狂なことをしでかしているが、やつは凡夫なのか、聖人なのか。

（『臨済録』勘弁）

そこへ当の普化が入って来たので臨済が「おまえは凡夫か、聖人か」と問う。普化は「お前の方が、おれが凡夫か聖人か言ってみろ」と答えると、臨済は一喝で答える。それに対し普化は、三人を指さしながら臨済は一見識はあると応答する。臨済が「この悪党」とどやすと、普化も「悪党、悪党」と言いながら出て行ってしまう。凡夫と聖人の対立を蹴散らす狂者の気概が見て取れる。「臨《りん》済《ざい》慧《え》照《しょう》禅《ぜん》師《じ》塔《とう》記《き》」には普化について、「狂者の風をして衆僧の中にまじり、聖人なのか凡夫なのか見分けもつかなかった（佯狂混衆、聖凡莫測）」という評価が記されている。

凡人と聖人＝仏とが紙一重であることは、禅でしばしば強調され、あわせて「煩悩即菩提」という考え方が推し進められる。

前念迷即凡夫、後念悟即仏。前念著境即煩悩、後念離境即菩提。

先に迷いを思うのは凡夫であり、後に悟りを思うのが仏である。先に境に執着しようと思うのは煩悩であり、後に境を離れようと思うのが菩提である。（『壇経』）

この『壇経《だんきょう》』の語は、『書経』多方篇の「聖とて心がけねば狂となり、狂とて心がければ聖となる（惟聖罔念作狂、惟狂克念作聖）」と類似する。しかし後者は、総説で述べたとおり、孔《く》穎《よう》達《だつ》の『尚《しょう》書《しょ》正《せい》義《ぎ》』において、聖が狂にも、狂が聖にもなりえないと理解され、凡聖の近接性を説く禅の思想と明白な対照をなす。

『古《こ》尊《そん》宿《しゅく》語《ご》録《ろく》』巻四十五には、趙《じょう》州《しゅう》勘婆の故事（路を教える老婆のことばを趙州が看破する）に関して真《しん》浄《じょう》禅師がつけた次のような偈《げ》頌《じゅ》を載せる。

似狂不狂趙州老。或凡或聖人難曉。
是非長短任君裁。老婆被伊勘破了。

狂に似ながら狂ならず　これぞ趙州和尚なり　凡人なるか聖人か　果たして人は知り難し
まことといつわり善し悪しは　すべてお前が決めること　老婆の仕掛ける謎かけは　かの禅
師より看破さる

凡聖の対立を越えて見かけ上の狂をも突き抜けているのが、趙州の境地である。こうした境地を表すものとして次の偈がよく用いられる。

挙手攀南斗、迴身倚北辰。
出頭天外見、誰是我般人。

手を伸ばし南の星につかまるや　身を返し北の星にぞ寄りかかる
頭出し天の彼方を見はるかす　この儂《わし》に類する者は誰ならん

この句は、『景徳伝灯録《けいとくでんとうろく》』巻十には五台山智通《ちつう》禅師の臨終の偈《げ》として載せるもので、『古尊宿語録』

巻四十七には、雲門《うんもん》と東林《とうりん》の応酬の中で若干文字を異にして登場する。この偈は禅門の中で頻繁に用いられるほか、陸象山《りくしょうざん》（一一三九—一一九二）の語録にも、やはり若干文字を異にして採用されている（『陸九淵集』巻三十五語録下）。

こうした境地に到達にするために、唐の禅者は、外に向かうのではなく、ひたすら自分の心の中に真理を求めようとした。臨済義玄の言葉を見てみよう。

如今学者不得、病在甚処。病在不自信処。你若自信不及、即便茫茫地徇一切境転、被他万境回換、不得自由。你若能歇得念念馳求心、便与祖仏不別。你欲得識祖仏麼。祇你面前聴法底是。学人信不及、便向外馳求。

いま学んでいる者がわかっていないのは、病がどこにあるかである。病は自らを信じていないところにあるのである。もし自らを信じきれないと、ぼうっとしながら周りの環境の転変に流され、外的なさまざまの環境によって変化させられて、自由を得ることができない。もし刻々と求めてやまない心を止めることができれば、それは祖仏と等しくなる。祖仏に会いたいか。それはほかでもなく、いま目の前で説法を聞いている君たちである。学ぶ者がそれを信じきれないから、外に求めようとするのである。

（『臨済録』示衆）

你要与祖仏不別、但莫外求。你一念心上清浄光、是你屋裏法身仏。你一念心上無分別光、是你屋裏報身仏。你一念心上無差別光、是你屋裏化身仏。此三種身、是你即今目前聴法底人。祇為不向外馳求、有此功用。

もし祖仏と同じようになりたいなら、決して外に求めてはいけない。自分の一刹那の心にある清浄な光が自分の中の法身仏であり、自分の一刹那の心にある分別を越えた光が自分の中の報身仏であり、自分の一刹那の心にある差別を越えた光が自分の中にある化身仏である。この三種の身は、いま目の前で説法を聞いている君たちである。外に求めないからこそ、このような効用があるのだ。（同上）

禅師が現実の規範とかけ離れた狂なる振る舞いをしても、規範からかけ離れることそれ自体が目的ではなく、それはあくまで真理を追求する上でやむをえず選び取られた振る舞いである。それが、規範とかけ離れていること自体から、自己の名声や身の保全といった利益を手にしている唐の詩人たちとの違いである。禅師はひたすら自己の心に着目し、外部への志向を遮ることで悟りを得ようとした。悟りを得れば、自己と外部との関係も再措定される。自己と外部を隔てるものが虚妄であることが把握されるのである。そうなれば現実の規範から見て狂なる振る舞いも、狂だという判断を成立させている規範と自己との隔たりがなくなっているのだから、もはや狂と言うことはできない。これこそ「狂に似ながら狂ならず」という趙州の境地である。

4　明代文人における狂

経済的な繁栄は文化の爛熟を生み、文化の爛熟は差異化を求めて狂を要請する。それに応える人物が、明代の蘇州にまとまって登場する。明代の文化の一面には、唐代文化のリバイバルという特徴がある。呉中四才子に数えられる祝允明《しゅくいんめい》（一四六〇―一五二六）や唐寅《とういん》（一四七〇―一五二三）らがそれである。祝允明について、王宏《おうこう》（一六二二―？）の『山志《さんし》』に次のような記載がある。

祝枝山狂士也。著祝子罪知録、其挙刺与奪、直抒胸臆、言人之所不敢言、亦間有可取者、而刺湯武、刺伊尹、刺孟子及程朱特甚、刻而戻、僻而肆。蓋学禅之弊也。乃知屠隆李贄之徒、其議論亦有所自、非一日矣。聖人在上、火其書可也。

祝枝山〔允明〕は狂士である。『祝子罪知録《しゅくしざいちろく》』を著し、そこでの様々な評価は、まっすぐに思いを述べ、人があえて言おうとしないことを言ったもので、時折見るべき意見があるが、湯王武王を謗り、伊尹《いいん》を謗り、孟子や程朱についてはとりわけひどく非難し、歯に衣着せず、言いたい放題であった。禅を学んだ弊害が出たものであろう。屠隆《とりゅう》や李贄《りし》といった輩と同類で、彼らの議論には由来があり、一朝一夕に出てきたものではないということが知れよう。

聖人がきちんと君臨していれば、こんな書物など焼いてしまってかまわないのだ。

（『山志』巻六「罪知録」）

屠隆と李贄（卓吾《たくご》）については、後述する。文末の「火其書」は、唐の韓愈《かんゆ》（七六八―八二四）が「原道」において、仏教を排撃するために用いた語である。ちなみに、この文章は、最後の一句を除いて、『四庫全書総目提要《しこぜんしょそうもくていよう》』の『祝子罪知録』の条に引用されている。『四庫全書総目提要』とは、清の乾隆帝《けんりゅうてい》の時代に、四庫全書を編纂する際、採録する書籍の内容紹介を集成したもので、実際には採録されなかった書籍も対象となっている。『祝子罪知録』は、後述の屠隆の『鴻苞《こうほう》』、李卓吾の『焚書《ふんしょ》』『蔵書《ぞうしょ》』などとともに、採録に値しないとされて「存目」という分類に入れられている。官製の文化事業であるから、書籍の評価には政治的意向が反映されている。

また、『明史《みんし》』文苑伝の唐寅伝（巻二八六）には次のようにある。

寅詩文、初尚才情、晩年頽然自放、謂後人知我不在此、論者傷之。呉中自枝山輩以放誕不羈為世所指目、而文才軽艶、傾動流輩、伝説者増益而附麗之、往往出名教外。

唐寅の詩文は、はじめのうちは才気がずば抜けていたが、晩年になるとくずれ衰えて道を外れ、「後世の人は私が本心でこれを書いていないことを見抜くだろう」と言い、論者はこれを謗った。呉中では祝枝山のような輩が気ままな振る舞いによって世間の注目の的となり、さらに軽佻また艶美な類いの文才があったため、同輩に影響を及ぼし、語り伝える者がますます増えてこれに追従し、しばしば儒教の教えを踏み外すこととなった。

狂に走った作品が本心ではないという唐寅の弁解は、裏を返せば周囲の需要に合わせて、意識的に狂なる表現を志向したということである。唐代に確立した意匠としての「狂」を、彼らがあらためて活用するようになったと言えよう。彼らは求めに応じて、詩文を書き、書画をものした。『明史』文苑伝は、祝允明が晩年、書を売った金で、酒色や博打にふけったと伝えている。王世貞《おうせいてい》の『藝苑《げいえん》巵言《しげん》』に、祝允明の行書・草書は大令（王献之《おうけんし》）・永師（智永《ちえい》）、河南（褚遂良《ちょすいりょう》）のほかに、狂素（懐素）・顚旭（張旭）から影響を受けているとの指摘があり、唐代の狂草の流れも汲んでいる。そして祝允明自身は、創作が禅の修行と関連することを述べ、どちらも他人の土俵に乗ることなく、自身で道を極めることが肝要だと主張している。

吟詩写画似参禅、不向他人被裏眠。
生公堂前点頭石、天平山上白雲泉。

詩を吟詠し絵を描くは　禅の修行に相似たり　どちらも決してよそ様の蒲団で眠るは許されず
竺道生の堂前で頭を垂れる石のごと　天平山の頂にあふれる白雲泉のごと

（『祝氏集略』巻八「雑題画景」）

三句目は、晋朝の高僧竺道生《じくどうしょう》が群石を相手に仏経を説いたところ、竺道生の問いかけに石たちがうなずいた故事を指し、四句目は、白居易の七言絶句「白雲泉」の起句で、無心の雲を映し、静かに水を湛える泉から滾々と河水が流れ出る様子を描いている。いずれも不動に見えるものが動き出すことを表し、創造のからくりを形容している。

祝允明は、芸術的創作面だけでなく、人文知の面でも「狂」を発揮している。先ほど引いた『山志』にあるように、過去の聖賢文人に褒貶を加えた『祝子罪知録』が残されており、そこで祝允明は、臣下の身分で君主を討伐した湯王や武王、その湯王を補佐した伊尹を非難し、孔子と異なって周への尊崇を表さない孟子も批判の対象としている。そして荘子は表面的には孔子と違っても、中身は孔子と近いとし、「孔子が、わが若者たちはさかんに飾りたてた議論をしていて、それをどのように断ち切ればよいかわからないでいる（から故国に帰って指導しよう）とおっしゃったのは、まさに荘子を指して言っているようだ（夫子吾党斐然成章、不知所以裁之、適称荘之謂矣）」と述べている。孔子の言葉の出典は、総説に引いたとおり、『論語』公冶長《こうやちょう》篇にあり、そこでは「吾党之小子狂簡」と、「狂簡」の二文字が入る。祝允明は荘子を「狂」なる人物として措定し、孔子から評価されうる人物として描き直すのである。『罪知録』はまた朱子学者の描く道統を批判し、漢唐の訓詁学の蓄積を再評価する。一方、仏教については、儒教の共通点を挙げて擁護している。こうした観点は、時を同じくして登場する王陽明《おうようめい》の立場と共通するものである。

5　陽明学における狂

陸象山が自分の心持ちを表現するものとして、禅師の偈を引いていたことは先に触れたが、陸王心学という名で陸象山と括られる王陽明（守仁、一四七二―一五二九）もまた、禅から多大な影響を受けている。王陽明は、祝允明や唐寅とほぼ同時代で、同じく南方の浙江《せっこう》省余姚《よよう》の出身である。彼は外物の理を探究することよりも、その理を把捉する自分の心を問題にした。そしてその心を万人共通の理で縛るのではなく、個々人の心の発現は、本来的に善である良知良能の働きであるとして、その個別性を肯定した。陽明学において狂が積極的に認められるのはそのためである。弟子たちが、自分たちに対する非難が高まっていることについて議論していた折、王陽明自身が口を開いて次のように言う。

> 我在南都已前、尚有些子郷愿的意思在。我今信得這良知、真是真非、信手行去、更不着些覆蔵、我今纔做得個狂者的胸次、使天下之人都説我行不揜言也罷。

私は南京に滞在する以前には、まだ郷愿の心がいささかあった。私は現在ではこの良知を確信して、良知が真に判断した是非のままに実践して、いささかも包み隠すことをせず、今やっと狂者の気概になりきった。それで世の人々誰もが「おまえの行いは自分の発言に応じきれていない」というのだが、それでもかまわない。

（『伝習録《でんしゅうろく》』巻下）

「郷愿（郷原）」は、『論語』において「徳の賊」と非難される存在で、『孟子』では狂者や狷者《けんしゃ》（獧者）と対比されて低い位置に置かれている。およそ偽善者のような意味である。郷愿がみずからの心を覆い隠して善人のふりをするのに対し、陽明学で強調されるのは心の真率さである。その真率さの発現の方法が人それぞれに異なるため、王陽明は狂を自負するのである。この場合の狂は、一義的には『論語』の説くとおり志の大きい人物を指し、その結果として世間の規範から外れていると指弾されたとしても、批判を甘んじて受けるというのである。

「年譜」には、この『伝習録』の記録と同じ場面が採録されており、それに続く次のような述懐が記録されている。

狂者志存古人、一切紛囂俗染、挙不足以累其心。真有鳳凰翔於千仞之意、一克念即聖人矣。

狂者の志はひたすら古人に思いを馳せ、一切の紛争や俗事は、すべて彼の心をわずらわせない。まさしく鳳凰が千仞の高みに飛ぶという心持ちであり、ひたすらよく心がければ聖人となる。

（『王陽明全集』巻三十五、『年譜』三）

「克念」という表現は、既に引いた『書経』多方篇の「聖とて心がけねば狂となり、狂とて心がければ聖となる」に基づく。そして、「狂者志存古人」は『孟子』の次の文章を踏まえている。

万章問曰、「孔子在陳曰、盍帰乎来。吾党之士狂簡、進取不忘其初。孔子在陳、何思魯之狂士」。

孟子曰、「孔子不得中道而与之、必也狂獧乎。狂者進取、獧者有所不為也。孔子豈不欲中道哉。不可必得、故思其次也」。

「敢問、何如斯可謂狂矣」。

曰、「如琴張、曾皙、牧皮者、孔子之所謂狂矣」。

「何以謂之狂也」。

曰、「其志嘐嘐然曰、古之人、古之人。夷考其行、而不掩焉者也。狂者又不可得、欲得不屑不潔之士而与之、是獧也。是又其次也。孔子曰、過我門而不入我室、我不憾焉者、其惟郷原乎。郷原、徳之賊也」。

万章《ばんしょう》がたずねた、「孔子が陳の国におられたとき、もう帰ろう、うちの村の若ものたちは志しが大きく、積極的で初心を忘れていない、とおっしゃいました。孔子は陳の国で、どうして魯の狂士のことをお考えになったのでしょうか」。

孟子、「孔子は中道をゆく人をみつけて交われないとすれば、せめては狂者か狷者だ、狂の人は進んで求めるし、狷の人はしないことを残しているものだ、ともおっしゃった。孔子は中道をゆく人を友に得たいと思っておられなかったわけがない。しかし必ずしも得られないので、その次の人物をお考えになったのだ」。

「ではあえておたずねしますが、どのような人物であれば狂と呼ばれるのでしょうか」。

「たとえば琴張《きんちょう》、曾晳《そうせき》、牧皮《ぼくひ》らは、孔子がおっしゃる狂だね」。

「なぜ彼らを狂と呼ぶのですか」。

「彼らの志は高大で、いつも「昔の人は、昔の人は」と口癖にしている。彼らの行いを冷静に考えると、自分の発言に応じきれていない。狂者も得られない場合は薄汚い行為を恥とする人を友に得たいと考える、これが狷者であって、さらに次の人物なのだ。孔子は、「私の門の前を通りかかりながら私の部屋に入ってこないでも、私が残念に思うことがない、それが郷原の場合だ。郷原は、道徳に有害な存在である」ともおっしゃっている」。

（『孟子』尽心下）

この『孟子』の記事は、『論語』に登場する狂者への肯定的な言表を集めて組み立てられた議論であり、王陽明は『孟子』を踏まえることで、『論語』を踏まえているとも言える。ただし、狂者の志が昔の人を思うものであるという表現は、『論語』の本文にはない。ここで、狂者は「中行」（『孟子』では「中道」）を得た聖人に次ぐ存在として位置づけられているが、通常は一般人よりも下に見られている存在であることを前提としての表現であろう。『書経』多方篇の記載はそれを裏付けるものである。これらを総合すれば、狂者は聖人とは対極であり、世間の評価では最下層の人物に位置づけられるが、それが単なる暗愚な狂者ではなく、愚直な狂者である場合、その真率さが聖人（孔子）に評価され、表面だけを取り繕った郷原よりも、はるかに聖人に対して近い存在である、という解釈が成立する。「煩悩即菩提」や凡聖の合致を説く禅からも触発されて、陽明学は狂と聖との近接性を強調するのである。

王陽明の弟子の一人、王龍渓《おうりゅうけい》（一四九八―一五八三）も「克念」や「中行」といった用語を用いて、狂者について次のように述べている。

狂者之意、只是要做聖人、其行有不掩。雖是受病処、然其心事光明超脱、不作些子蓋蔵廻護、亦便是得力処。若能克念時時厳密得来、即為中行矣。

狂者の思いは、ただひたすら聖人になりたいということであり、その行いには思いに応じきれていない部分がある。これは批判されるべきだけれども、その心が明るく超脱しており、少しも隠し立てしようとしないのは、やはり素晴らしいところである。もしよい心がけを日々厳密にしてゆくことができれば、それは中庸となる。

（「与梅純甫問答」）

狂者行不掩言、只是過於高明。脱落格套、無溺於汚下之事、誠如来教所云。夫狂者志存尚友、広節而疏目、旨高而韻遠、不屑彌縫格套、以求容於世。其不掩処、雖是狂者之過、亦其心事光明特達、略無迴護蓋蔵之態、可幾於道。天下之過、与天下共改之、吾何容心焉。若能克念、則可以進於中行、此孔子所以致思也。

「狂者の行いに、自分の発言に応じきれていない部分があるのは、ただ高邁すぎるためである。彼らは従来のやりかたを逸脱し、卑俗なことに沈溺しない」というのは、確かにご教示の通りである。もともと狂者の志は友人を尊び、勘所をつかんで細かい部分にこだわらず、志は高く遠くに及び、従来の決まり事に合わせて世間に受け入れられることを求めたりはしない。言葉に応じきれないところは、狂者の欠点であるけれども、これは彼らの心の明らかさとも言え、隠そうとする姿がちっとも見られないのは、道に近いと言える。天下の誤りを、天下と共に直そうとしているのだから、それに私が口出しなどするものか。もしよい心がけに努めることができれば、中庸の境地に進み入ることができる。これが孔子のお考えになったことである。

（「与陽和張子問答」）

目指すは中庸の聖人ではあるが、包み隠すことのない「志」の高邁さが強調され、狂者のほとばしる強い思いを全面的に肯定しているような文章である。「行いが自分の発言に応じきれていない」という『孟子』に基づく狂者の欠点も、すぐさま真率さという美点に置き換えられている。名目を気にして行動を躊躇するよりも、不適切であろうと直情径行する方が好ましいのである。総説に記したとおり（五四頁）、深淵に落ち込んだ父子兄弟に対し、礼儀に固執して傍観者をきめこむ朱子学者を尻目に、取るものも取りあえず救おうとするのが狂者の矜持である。とはいえ狂者扱いされるかぎり、公の世界からは敵視されるほかなく、自身の思想を現実の社会変革に結びつける機会は多くない。士大夫の儒学であった朱子学をより幅広い階層に向けて開放した陽明学は、公的世界にこだわらず、幅広い層への私的な講学というかたちで、思想を社会に還元していったのである。

6 晩明狂禅

明代にとどまらず、中国思想史を代表する狂者として、李卓吾《りたくご》(名は贄《し》、一五二七—一六〇二)の名を挙げることができる。朱子学になじめないまま、適当に記憶した文章をつぎはぎして郷試に合格した李卓吾は、道教徒も仏教徒も朱子学者も憎むといった有様だったが、四十歳で糊口をしのぐため北京で奉職、そこで陽明学に接して傾倒する。以後は、儒仏道の三教が一致することを主張する。五十五歳で官職を辞し、読書と著述と講学の日々を送る。しかしその著書の過激さ、男女を交えて講学する奔放さなどが、世情を紊乱するものとして糾弾され、七十六歳の時に逮捕され、獄中で自刃する。礼科給事の役にあった張問達《ちょうもんたつ》の弾劾文(顧炎武《こえんぶ》『日知録』巻十八引)には、「狂端悖戻《はいれい》」「一境如狂(李卓吾のいる一帯が狂に染まっている)」「猖狂放肆《しょうきょうほうし》」と「狂」の文字が並ぶ。王陽明と同様、李卓吾も、周囲からの否定的な「狂」というレッテルを、肯定的な価値に転換して積極的に自身の著述で使用する。総説でも引いたとおり（五五頁）、その主著『蔵書』巻三十二楽克論では、「聖人とは中庸を得た狂狷である（聖人者、中行之狂狷也）」という前提のもと、孔子を除く堯、舜、禹、湯、文、武、周公といった聖人をはじめ、過去の著名な人物を狂と狷に振り分けて評価している。『論語』子路篇の「中庸に振る舞う人物を見いだして行動をともにすることができなければ、次には狂者か狷者がよい」という、もともとの定義に基づけば、狂や狷は、中庸を得られないからこそ狂や狷なのであって、「中庸を得た狂狷」というのは形容矛盾である。李卓吾は、聖人と狂狷の差異よりも、両者の共通性に着目することで、形容矛盾を踏みこえる。また、従来の評価にとらわれず、独自の見識に基づいて歴史上の人物を論評するという点で、『蔵書』は、祝允明の『罪知録』と共通性を有している。

先に引いた『孟子』尽心下の条からは、古人を思慕する狂者像が導かれるが、李卓吾はそれを「古聖の言」を誤解した例として挙げ、狂者を世間に同調しない人物として描き直す。

又観古之狂者、孟氏以為是其為人志大言大而已。解者以為志大故動以古人自期、言大故行与言或不相掩。如此、則狂者当無比数於天下矣、有何足貴而故思念之甚乎。蓋狂者下視古人、高視一身、以為古人雖高、其跡往矣、何必践彼跡為也。是謂志大。以故放言高論、凡其身之所不能為、与其所不敢為者、亦率意妄言之、是謂大言。固宜其行之不掩耳。何也。其情其勢自不能以相掩故也。

夫人生在天地間、既与人同生、又安能与人独異。是以往往徒能言之以自快耳、大言之以貢高耳、乱言之以憤世耳。渠見世之桎梏已甚、卑鄙可厭、益以肆其狂言。観者見其狂、遂指以為猛虎毒蛇、相率而遠去之。渠見其狂言之得行也、則益以自幸、而唯恐其言之不狂矣。唯聖人視之若無有也、故彼以其狂言嚇人而吾聴之若不聞、則其狂将自歇矣。

古の狂者について考察してみると、孟氏は狂者の人となりを志の大きく、発言の壮大な人物だと考えていた。これを解釈する者は、志が大きいからこそ狂者は時として自分を古人と同類とみなし、発言が壮大であるからこそ、行為と発言が合致しない、と理解した。そうだとするなら、狂者は天下に数え切れないほどいることになり、〔孔子がそうしたように〕貴んで切に思いを致す対象などではありえない。狂者は古人を低く評価し、自身を高く評価して、古人の行いは優れているといっても、その形跡は既に消えてしまったのだから、その跡を踏みならう必要はあるまいと考える。これが志が大きいということである。言いたいことがあって自由気ままに発言し、およそ自分ではできないことや、する勇気が出ないことについても、軽率に口にする。これを大言壮語という。だからその行為が応じきれないところがあるのである。なぜかというと、その状況としてどうにも応じきれないからである。

およそ天地の間に生まれた人間は、他人と同じように生まれたものなのに、どうして一人だけ他人と異なっているということがあろうか。それで往々にして、立て板に水に語って自分で悦に入ったり、壮大なことを言って驕り高ぶったり、言いたい放題に言って世を憤ったりするのである。その人は世の中の桎梏をまざまざと見て、厭うべきものとしてそれを蔑み、ますますみずからの狂なる発言をほしいままにする。周りの者はその狂ぶりを見て、猛虎毒蛇のようだと指弾し、こぞってその人から離れてゆく。その人は狂なる発言を実行できるとなると、ますます幸いだと考え、ただ自分の発言が狂でないから実行できるのではないかとだけ心配する。聖人だけはその人のことをいないかのようにみなす。その人が狂なる発言で人々を驚愕させたりしても自分は聞こえていないようにすれば、その狂は自然とやむのである。

（『焚書』巻二「与友人書」）

古人に対する追慕という、孟子の描いた狂者の特徴を、李卓吾は、古の軽視という正反対の方向に読み替える。古人に対する追慕だけで言うなら、狂者に該当する人物があまりに多数に上るとし、むしろ古人という権威を歯牙にもかけないことこそが、狂者の狂者たるゆえんだと言うのである。大言壮語に行為が応じきれない（「不掩」）という狂者の特徴も、ひとまずはそれを承けた説明がなされるが、二段落目では「実行できる」場合の検討がなされ、以下の引用ではさらに「実践に移して隠し立てしない」（「行之而自不掩」）という直情径行の意味に移し替えられる。李卓吾は、このような直情径行で古くからの規範に従わない人物の「狂者」ぶりを薄めることなく、聖人を持ち出して狂者という存在を全肯定する。聖人なら、彼らをまるごと受け止め、行き過ぎた行為には目をつぶる、それが狂という病を癒やすことになると言う。つまり、狂者の行為を「狂」と非難する俗人の存在があるから、その行為が「狂」となるのであって、その行為が何でもないこととして受け止められてしまえば、それはもはや「狂」とは呼ばれなくなるのである。

この箇所に続く李卓吾の文章は、狂者を誰よりも評価したのが孔子であったということを思い起こさせる。

故唯聖人能医狂病。観其可子桑、友原壌、雖臨喪而歌、非但言之、且行之而自不掩、聖人絶不以為異也。是千古能医狂病者、莫聖人若也。故不見其狂、則狂病自息。又愛其狂、思其狂、称之為善人、望之以中行、則其狂可以成章、可以入室。僕之所謂夫子之愛狂者此也。

このように、聖人だけが狂の病を治すことができる。〔礼にとらわれない〕子桑《しそう》をよしとし〔『論語』雍也《ようや》〕、原壌《げんじょう》を友人として、〔原壌が母の〕葬儀の場で〔棺桶の上にのぼって〕歌をうたって、奇矯な発言をするだけでなく、それを実践に移して隠し立てしなくても、聖人〔孔子〕は決して彼を奇異な者として排除しなかったのである〔『礼記』檀弓《だんぐう》〕。以上のように、昔から狂の病を治せるのは、誰をおいてもまず聖人である。つまり、その狂ったところを見なければ狂の病は自然に止む。またその狂人を愛し、その狂人を思い、彼らを善人と呼び、彼らに中庸を期待するなら、その狂人は徳を完成させられる人物、道を伝えるに値する人物になる。「夫子は狂者を好む」と私が言っているのは、このような意味においてである。（同上）

「狂ったところ」というのは中庸から逸脱したところであり、その逸脱に着目するよりも、狂者を逸脱した行為に駆り立てる心が聖人の心と同じであることに着目すれば、「狂の病は自然に止む」。

世間は狂者の逸脱ぶりしか見ないが、聖人は狂者の心の真率さを認め、彼らを聖人予備軍として扱う、というのである。「成章」「入室」、いずれも『論語』に出典のある語である。こうして李卓吾は、孔子の狂者評価を受け継ぎながら、逸脱者としての狂者の性格を維持しつつ、狂者を聖人に近づけるのである。彭際清《ほうさいせい》の「李卓吾伝」(『居士伝』巻四十三)には、隠遁についての李卓吾の見解が書き記されており、そこで李卓吾は、隠遁した人物として、荘子、梅福、阮籍、陶淵明などを挙げ、自分はどの人物にも及ばないが、「一途に真実を願い、世間からの縛りを受けまいとする点で、たまたま彼らと一致するのだ(然其一念真実、不欲受世間管束、則偶与之同也)」と述べている。狂者の自負とも受け取れる発言であろう。友人である焦竑《しょうこう》(一五四〇—一六二〇)は、李卓吾について、「いまだ聖人とは言えないにせよ、狂という評価がふさわしく、聖人の次の位置を占める人物だ(以為未必是聖人、可肩一狂字、坐聖人第二席)」と評している(『明儒学案』巻三十五「文端焦澹園先生竑」)。

李卓吾の同時代人に、実際に発狂した徐渭《じょい》(字は文長、一五二一—一五九三)がいる。徐渭は、王龍溪に師事しており、やはり陽明学の系譜を引いている。書画家として有名であるが、李卓吾が『水滸《すいこ》伝《でん》』、『西廂記《せいそうき》』などの小説や戯曲をも好んだのと同様、戯曲にも才能を発揮した。李卓吾を敬愛した明末の文人袁宏道《えんこうどう》(一五六八—一六一〇)は、徐渭の才能を愛し、その伝記を作っている。

文長既雅不与時調合、当時所謂騒壇主盟者、文長皆叱而奴之。故其名不出於越、悲矣。喜作書、筆意奔放如其詩。〔…〕卒以疑殺其継室、下獄論死。張太史元汴力解乃得出。晩年憤益深、佯狂益甚。顕者至門、或拒不納。時携銭至酒肆、呼下隷与飲。或自持斧撃破其頭、血流被面、頭骨皆折、揉之有声。或以利錐錐其両耳、深入寸餘、竟不得死。周望言、晩歳詩文益奇、無刻本、集蔵于家。［…］石公曰、先生数奇不已、遂為狂疾。狂疾不已、遂為囹圄。古今文人牢騒困苦、未有若先生者也。

文長はその頃からいつも時勢と折り合わないようになり、当時のいわゆる詩壇の名手について、文長は一人残らず叱責して怒らせた。そのため彼の名前は越以外に広まっていないのである。悲しむべきことだ。好んで書をものし、その筆致の奔放ぶりは彼の詩と同様であった。［…］発作的に自分の後妻に不貞の疑いをかけて殺し、獄につながれ死刑を論告された。太史の張元汴《ちょうげんべん》が解放に尽力し、ようやく出獄できた。晩年は憤懣がますます深まり、狂のふりをすることがますますひどくなった。高官が訪れてきた時に、拒んで家に入れないこともあった。時折お金をもって飲み屋に行き、下僕を呼びつけて共に飲んだりした。あるとき、自分で斧を持ちだして頭に振り下ろした。血が顔面にまで流れ、頭蓋骨があちこち折れ、そこをさわると音がした。またある時は尖った錐を両耳に突き刺し、一寸あまりも深く入ったが、それでも死ななかった。周望《しゅうぼう》が言うには、「晩年の詩文はますます奇抜で、刊刻された本もないので、収集して自宅に保管している」。［…］石公《せきこう》の評言。「先生は奇矯ぶりがおさまらず、狂気に陥った。狂気がおさまらず、監獄につながれた。古今の文人で不満をつのらせ生活に苦しんだ者はいるが、先生ほどの者はいない」。

（「徐文長伝」）

文中に「佯狂」とあるが、どこまでが「ふり」でどこまでが実際に精神錯乱を起こしての行為だったのかは、はっきりしない。ここで押さえておくべきは、むしろ病いとしての狂が、人物評価としての狂や、政治的逃避行為としての佯狂と地続きであり、双方の意味での狂者を容認・歓迎する風潮が、一部にではあれ、確固として存在していたという事実である。

明末の「狂」の広がりを、さらに見てゆくことにしよう。祝允明の『罪知録』を批判する『山志』に、李卓吾と並んで名前を挙げられていたのが屠隆（一五四三—一六〇五）である。劇作家の屠隆には、「辨狂」という一篇があり、以下はその全文である。

善狂者心狂而形不狂、不善狂者形狂而心不狂。何以明之。寄情於寥廓之上、放意於万物之外、揮斥八極、傲睨侯王、是心狂也。内存宏偉、外示清冲、気和貌荘、非礼不動、是形不狂。毀滅礼法、脱去縄検、呼芦轟飲以為達、散髪箕踞以為高、是形狂也。迹類玄超、中嬰塵務、遇利欲則気昏、遭禍則神怖、是心不狂也。画虎之誚、其来久矣。

狂が上手な人は、心が狂でも形は狂でなく、狂が下手な人は、形が狂でも心は狂でない。どうしてそれが分かるか。広々とした天地に思いを馳せて、万物の外にあって自由自在で、天下の果てまで気ままに赴き、王侯を見下すのが心狂である。内には大志を抱きながら、外はさわやかで、性質はおだやかで外見は立派であり、礼儀に合わなければ動かない、これは形狂ではないということだ。礼儀を破壊して、束縛を破って、やかましく乱痴気騒ぎすることを通達と思い込み、髪を下ろしてあぐらをかくことが高明だと思い込む、これが形狂である。見かけは玄妙に見えるが、心は俗世にわずらわされ、名利や欲望に出会えば智恵をなくし、禍に遭えば落ち着かない、これは心狂ではないということだ。形だけ真似ても似つかず、虎の絵を描いても犬になってしまうという非難は昔から存在するのだ。

（「辨狂」、『鴻苞』巻四十四）

『四庫全書総目提要』は、屠隆の『鴻苞《こうほう》』について、道教と仏教に耽溺しており、「李贄の亜流（李贄之流亜）」だと評している。「狂」の価値観が一定の広がりを持てば、形だけを模倣するエピゴーネンも登場するだろう。そうした形だけの狂を排して、真の狂である心の狂を追求しようというのが屠隆の立場である。『仏法金湯録《ぶっぽうきんとうろく》』では、「放逸狂禅」を批判する一方、朱子の仏教批判にも反駁して次のように述べている。

仏以儒為破綻、儒亦以仏為破綻。不狂人以狂為狂、狂人亦以不狂者為狂。是非烏乎定哉。

仏教徒は儒教を破綻しているとみなし、儒者の方でも仏教を破綻しているとみなす。狂でない人は狂者を狂だとみなし、狂者の方でも狂でない人を狂だとみなす。どれが正しいかはすぐに決まるわけではない。

書画家としては、陳継儒《ちんけいじゅ》（一五五八―一六三九）も「狂」についての文章を残している。

孔孟以来、狂狷之脈幾絶、往往為方外有道者所収。［…］捐功名、屏葷血、是其狷也。生死去来、解脱如意、是其狂也。夫有狂狷之資、而又加以学道発為詩文、光焔百出、使人読之如頂灌醍醐、火浴舎利、其理自無足怪。

孔孟以来、狂狷の系譜は殆ど絶え、往々にして方外の有道者にとりこまれた。［…］功名を捨て、肉食をやめるということは狷である。生死をただの去来とみなし、思うままに自在に解脱するということは狂である。狂狷の資質をもち、さらに道を学んで詩文として表現すれば、至るところで光を放ち、それを読む人の頭上に醍醐をそそぎ、舎利に火を浴びせると同じような感動を与える。この道理はもとより怪しむに足りないのである。

（「論狂」、『陳眉公先生全集』巻四）

「方外の有道者」とは仏教徒のことで、禅僧などに孔孟の言う狂者の精神が受け継がれてきたことを言う。陳継儒はそのまま仏教の用語をもちいて、狂狷の精神を生かした創作の秘訣を説いてゆく。

こうした流れを集大成するような位置にいるのが袁宏道である。屠隆とも親交のあった袁宏道は、李卓吾の思想に共鳴し、既述のとおり、徐渭の伝記を作るなど、「狂」賛美の系譜を受け継いでいる。そんな袁宏道に仮託したものとされる『狂言』という文集が残されており、その「自叙」、つまり誰かが袁宏道になり代わって記した序に次のようにある。

余落筆多戯弄、或謂恐傷風雅。余既貧且病、乃以戯弄為楽事。孔子嘗云、未若貧而楽。然則楽固貧之道乎。狂夫之言、聖人采之。假令夫子再来、未必不戯弄而風雅之也。因題曰狂言、以俟知者。

私が筆を下ろした内容は、ほとんど戯れ言で、風雅の道を傷つけるものではないかと言う人もいる。私は貧乏で病気持ちだからこそ、戯れ言を楽しみとしているのだ。孔子もかつて、「貧であってもそれを楽しむのが最もよい」〔『論語』学而〕とおっしゃった。そうだとすれば、楽しむことは確かに貧乏人のとるべき生き方なのだ。狂夫の言でも、聖人は〔場合によっては〕それを採択する〔『史記』淮陰公伝〕、と言う。もし夫子が再び出現されたとしても、戯れ言を否定して風雅に合わせるようなことはなさいますまい。そこで私の文集を「狂言」と題し、後世の知友を待つこととする。〔「狂言自叙」〕

この書きぶりは、白居易が自分の詩を「狂言綺語」と称したこと、また白居易のみならず杜甫や蘇軾が自身を揶揄ぎみに「狂夫」と称していたことを思い起こさせる。また、次に引く『漢書』藝文志における「小説家」評価も念頭に置かれていただろう。

小説家者流、蓋出於稗官。街談巷語、道聴塗説者之所造也。孔子曰、雖小道、必有可観者焉。致遠恐泥、是以君子弗為也。閭里小知者之所及、亦使綴而不忘。如或一言可采、此亦芻蕘狂夫之議也。

（『漢書』藝文志、諸子略、小説家）

小説家の一派は、おそらく稗官《はいかん》（情報収集官）から出たものと思われる。大通りの話題、路地の噂などは、路傍で聴いた話をすぐまた道路で伝え説くような者が造ったのである。孔子のことばに、「たとえ〔一技一芸の〕小道であっても、必ず観るべき道理はあるものだ。ただ遠大な目的を達成するには、小道に拘泥しているわけにはいかない。そのため君子はそうした小道を学ばないのである」〔『論語』子張〕とある。そのため巷にいる知恵の浅い者が言い及んだことも、やはり綴って忘れ去られないようにするのである。その中にかりに一言の採るべきものがあるにせよ、それは所詮草刈り、木こりや、愚かな人の意見にすぎない。

ここで言う「小説」とは、とるに足りない話、信憑性の薄い伝説という意味で、ゴシップのようなものを指し、いわゆるノヴェルではない。それは「芻蕘《すうじょう》狂夫」、「草刈り、木こりや、愚かな人」のあいだで流通する真偽も分からぬ話であるが、孔子のことばに救われてかろうじて意義を認められている。袁宏道のものとして流布した「自叙」は、こうした「狂夫」による「小説」の伝統にもつながるものである。

『狂言』に収められた「三教図引」も引いておこう。

三教之説、従来争執無定。以其有異有同也。余以為彼既得其究竟之同、便不必問其取途之異。譬如往京師、東人往、南人往、西人亦往。其取途雖異、而至京師則同也。此非余之臆見也。魯論嘗有之矣。微子去之、箕子為之奴、比干諫而死。孔子曰、殷有三仁焉。

三教の説については、かねてより意見・論争があり定論がなかった。それらに異なる点もあれば同じ点もあったからである。私が思うに、もし当人が究極の同一性を会得したならば、そこに至る道のりの違いは考慮に入れなくともよい。たとえば、都に行くのに、東の人も行けば、南の人も行き、西の人もまた行く。その道のりは異なるが、都に至るということでは同じである。これは私の臆見などではない。魯の『論語』にもかねてから記載がある。「微《び》子《し》は立ち去り、箕《き》子《し》は奴僕に身をやつし、比《ひ》干《かん》は諫言して殺された。孔子は、「殷には三人の仁者がいた」とおっしゃった」〔『論語』微子〕。

ここでは儒仏道三教の違いが、殷の紂王の暴虐に直面した微子、箕子、比干の三者がとった行動の違いに喩えられている。そのうち箕子は、佯狂した人物として知られている。『狂言』は、誰かが袁宏道の名を騙って記した書であるにせよ、袁宏道のいかにも書きそうなことを書いているのであって、当時の風潮の一端をよく表すものとして利用できる。

袁宏道自身の手になることが確かな文章も見ていこう。李卓吾と同様、儒仏道三教の一致を説いた袁宏道は、友人である張幼于《ちょうようう》に宛てた書簡で、儒仏道の顚者――唐代の草書の名手である張旭と懐素を「張顚素狂」と呼ぶことがあるように、「顚」と「狂」とは類似概念である――を挙げた文章を残している。

夫顚狂二字、豈可軽易奉承人者。狂為仲尼所思、狂無論矣。若顚在古人中、亦不易得。而求之釈、有普化焉。張無尽詩曰、槃山会裏翻筋斗、到此方知普化顚、是也。化雖顚去、実古仏也。求之玄、有周顚焉、高帝所礼敬者也。玄門尤多、他如藍采和、張三丰、王害風之類皆是。求之儒、有米顚焉。米顚拝石、呼為丈人、与蔡京書、書中画一船、其顚尤可笑。然臨終合掌曰、衆香国裏来、衆香国裏去。此其去来、豈草草者。

顚狂の二文字は、かるがるしく人に奉ってよい称号ではない。狂は、仲尼が望んだ対象であるから、狂の重要性については言うまでもない。顚についても、やはり古人の中でそうたやすく見出しえるものではない。仏教徒に求めるなら、普化がいる。張無尽《ちょうむじん》〔宋代の詩人〕の詩に「槃山《ばんざん》　弟子らに問う謎に　とんぼ返りで応対す　これよりて知る普化和尚　あっぱれ見上げたいかれぶり」とある。普化は顚で通したが、実は過去の仏の生まれ変わりなのだ。道教徒に求めるなら、周顚《しゅうてん》がいる。彼は〔明の〕太祖も崇拝した人物である。道教徒に顚はきわめて多く、ほかには藍采和《らんさいか》、張三丰《ちょうさんぽう》、王害風《おうがいふう》らはみなそれにあたる。儒家に求めるなら、米顚（米芾《べいふつ》）がいる。米顚は太湖石を礼拝して石先生と呼び、蔡京《さいけい》に宛てた手紙では、手紙の中に〔文字で〕一艘の船を書いた。その顚たるさまは、きわめて可笑しい。しかしその臨終においては、合掌して「衆香国から来て衆香国に去る」とだけ言った。生死について、なんと落ち着き払ったことだろう。

（「張幼于」）

道教徒として挙げられた、周顚、張三丰は、明代の道士で、ともに『明史』方伎伝に略伝が見える。張三丰は太極拳の創始者として知られる。藍采和は八仙の一人で、神話上の人物。王害風は全真教を創始した王重陽《おうちょうよう》（一一一二―一一七〇）である。袁宏道の文章を繙くと、三教にまたがって脈々と伝えられる狂者の系譜を感得することができる。

しかしながら、袁宏道は狂を全面的に肯定しているわけではない。

蓋曾点而後、自有此一種流派、恬于趣而遠于識。〔…〕其用也有入微之功、其蔵也無刻露之迹、此正吾夫子之所謂狂、而豈若後世之傲肆不検者哉。

曾点以後、おのずとこのような流派が成立し、彼らは行いはおおらかで、見識は高遠であった。〔…〕彼らが表で活躍すれば、精微な部分まで行き届く働きをし、ひっそり隠れ住めば、少しも痕跡を外に現さない。これこそが夫子のおっしゃった狂であり、後世の放埒でしまりのない者たちと同日の談ではない。

（「疏策論《そさくろん》」第五問）

袁宏道は、孔子の狂を基準に、「傲肆不検《ごうしふけん》」なやからを切って捨てるのである。孔子にも、「昔の狂はのびやかなものだったが、今の狂は羽目を外している」(『論語』陽貨)ということばが残されており、屠隆もまた「心狂」と「形狂」とを区別していた。袁宏道の主張も由来がないわけではない。しかしながら袁宏道の言説には、「狂」という語に託されていた重要な要素である、独立不羈《ふき》の精神をも奪い取ってしまうような傾向が見て取れる。袁宏道は、狂者は世に役立とうと意識しないが、それこそ彼らが大いに世に役立つゆえんであると説き、さらに次のように述べている。

道不足以治天下、無益之学也。狂不足与共天下、無用之人也。

天下を治めることのできない道は、役に立たない学問である。天下を共にすることのできない狂人は、役に立たない人物である。(同上)

狂者の孤立性を否定し、狂者に有用であることを求めるのは、世の中に迎合しない狂者の矜持を顧みないことではなかろうか。ここで思い描かれている狂者の姿は、正統な「道」の継承者、聖人の姿に限りなく近い。聖人に次ぐ人物として狂者を肯定することが、聖人と狂者の違いを捨象してしまうまでに至っているのである。これも陽明学の一つの帰結なのだろう。実際、袁宏道は、後年自らの狂なる振る舞いを反省し、禅一辺倒から浄土重視へ鞍替えする。過去の浄土教文献を集成した『西方合論《せいほうごうろん》』の序文に次のように言う。

余十年学道、堕此狂病、後因触機、薄有省発、遂簡塵労、帰心浄土。

私は十年道を学んできて、このような狂の病に陥ってしまったが、後に機縁に恵まれて、いささか心に悟るところがあり、俗塵を払いのけ、浄土に帰依した。（「西方合論引」）

狂の広がりは、狂の意義を喪失させる。十七世紀末に記されたこの一節は、袁宏道一人の問題にとどまらず、明代の狂禅の風潮全体に終止符を打ったかのようである。

本節の締めくくりとして、明末の思想家である顔茂猷《がんもゆう》（?——一六三七）の文章を掲げておこう。顔茂猷は、「瘋道人記《ふうどうじんき》」「癡学人記《ちがくじんき》」といった風狂の徒の伝記を著すなど、狂者に対して理解を示す一方で、李卓吾については、その思想を「邪説悖道《はいどう》」と形容し、狂禅の風潮を糾弾している。以下は、仏教徒が狂禅に走るメカニズムを説明し、警鐘を鳴らした一節である。

仏家悟道、則其心愈粗。所以然者、彼主掃除一切、直尋上去。掃除一切、則人情物理、俱不体貼、礼儀周旋、俱嫌曲局。直尋上去、則透悟奇高、不勝自喜。奔軼絶塵、下視無物、故往往入其中者、未得其大悲大喜、無人無我、而飄思之気已生、傲睨之根已熟。一切狂禅、従是而起。（『説鈴』）

仏家は道を悟れば、その心が粗略になる。そのようになるのは、彼が一切をかき退《の》けて、ただひたすら上を目指していくからだ。一切をかき退ければ、人情も条理もともに親身に考えず、礼儀作法をすべて煩わしいと感じる。ひたすら上を目指して邁進していくなら、その悟りは甚だ高く、自ら喜びを禁じ得ない。俗塵をふりはらい、下にいる他の人が目に入らないゆえに、往往にして仏教の中に足を踏み入れた者は、大悲大喜、無人無我という境地に届くまえに、浮ついた思いが生じ、驕慢な気質が満ちる。一切の狂禅は、それによって生まれるのである。

7 清代・民国初の狂評価

もちろん、狂禅の気風が清代に入ってまったく廃れてしまうわけではない。明末清初の禅僧である鉄壁慧機《てっぺきえき》(一六〇三—一六六八)は、仏や菩薩が衆生を救済しようとする意識が狂であるという立場から、意識して狂の振る舞いをするのは欺瞞であって、真の狂ではないとし、衆生を救う狂者になろうとひたむきに進むことを推奨した。

狂妄二字、亦応奇特。何也、三世諸仏、従狂妄転大法輪。諸大菩薩、従狂妄分身揚化。歴代祖師、天下老和尚、従狂妄超出生死、普利群迷。知狂妄者、必不狂妄。但恐不狂妄耳。

狂妄の二字は、さぞかし見事でしょう。なぜなら、三世の諸仏は狂妄によって大法輪を転じ、諸大菩薩は狂妄によって身を分ち教化を盛んにしたからです。歴代の祖師も天下の老和尚も、狂妄によって生死を超出し、あまねく衆生を救いました。ですが狂妄だと自覚している者は、きっと狂妄ではありません。(真の狂妄は)ただ狂妄でないことを憂えるだけなのです。

(「復秉素牟居士」、『鉄壁慧機語録』巻十八。訳文は、荒木見悟『憂国烈火禅――禅僧覚浪道盛のたたかい』一四六頁を参照した)

そして慧機は、従来の修行者たちが、中途半端に狂妄を肯定していることを批判するのである。

清初の学者で朱子学に異を唱えた廖燕《りょうえん》(一六四四―一七〇五)は、「堯は狂であり、舜は簡である」からはじまる「狂簡論《きょうかんろん》」という短い文章を著している。積極果敢な行為を狂、一歩身を引く謙譲の態度を簡で表し、天は狂、地は簡、水や風は狂、山や雲は簡だとする。狂と簡はあたかも陰と陽のように、万物の行動様式を説明する原理として用いられている。こうした議論を経て、廖燕は、狂および簡が、人が人であるための条件であると結論づけるのである。

人物若不狂不簡、則為天地間之廃物而已矣、烏乎人。

人が狂簡にならないとしたら、天地の廃物に過ぎず、人であるはずがあろうか。

（「狂簡論」、『二十七松堂集』巻十二）

しかし狂を積極的に評価する言説は、清の統治が進むにつれて下火となり、明王朝を滅ぼした原因として、狂禅の流行による風俗の荒廃が指摘されるようになる。既述のとおり、『四庫全書総目提要』は政権の思想評価を反映したものであり、狂禅の風潮を手厳しく非難している。李卓吾の『蔵書』の提要には、「李贄の書はすべて常軌を外れ、でたらめだ（贄書皆狂悖乖謬）」とあり、子部の『画《が》史会要《しかいよう》』の提要には、より一般的に、「明の末年、士大夫はその多くが書物を著すことを好み、また競うように狂禅を貴んで、粗雑で不注意であることを高尚とし、精確さを重んじることはなくなった（蓋明之末年、士大夫多喜著書、而競尚狂禅、以潦草脱略為高尚、不復以精審為事）」と述べられ、顧炎武による明人批判が参照されている。経部の総叙にも、「明の正徳・嘉靖年間以後、学んだ人はそれぞれ心のうちに得た事柄を表現するようになったが、その弊害として放縦さがある（自明正徳嘉靖以後、其学各抒心得、及其弊也肆）」という判断が示され、その悪しき例として、「王守仁の末流が、みな狂禅をもって経典を解するといった類いのものがそれである（如王守仁之末派、皆以狂禅解経之類）」と、特に陽明学者が非難されている。「其弊也肆」とあるのは、『論語』陽貨篇に「仁を好みて学ばずんば、その蔽や愚（其蔽也愚）、……剛を好みて学を好まずんば、その蔽や狂（其蔽也狂）」とあるのを襲う。狂を否定的に用いた文脈が呼び起こされるだけで、狂を評価した孔子の発言が、ここで考慮されることはない。

清末民国期になると、硬直化した儒教に対する批判の高まりとともに、狂の価値も見直される。魯迅の『狂人日記』をいち早く評価した呉虞《ごぐ》（一八七二—一九四九）は、儒教批判を眼目として、晩明の狂者の代表である李卓吾を再評価し、その伝記を著している（「明李卓吾別伝」）。呉虞による狂の再評価は、冒頭に記した章太炎や譚嗣同の立場とも軌を一にするものであろう。生年順によって記せば、譚嗣同、章太炎、呉虞、そして魯迅、彼らは、ある者は過去の狂者を評価し、またある者は自身狂者の気概を持って、社会の変革に全身全霊を傾けたのである。唐代の禅僧は狂によって、社会的通念をひっくり返した。明代の陽明学者は、狂者というレッテルを引き受け、自己の修養と人々の教化に邁進した。しかし彼らの思弁は、具体的な社会改革と直接に結びつくものではなかった。清末民国初の狂評価は、その意味で、新しい狂の展開であると言え、またもしかすると、孔子や孟子が描いた、古代の理想の実現を夢見る狂者像を正しく引き継いでいるのかもしれない。

底本

『魯迅全集』（全十六冊）、北京、人民文学出版社、一九八一年
湯志鈞編『章太炎政論選集』（全二冊）、北京、中華書局、一九七七年
蔡尚思・方行編『譚嗣同全集』（増訂本、全二冊）、北京、中華書局、一九八一年
仇兆鰲注『杜詩詳注』（全五冊）、北京、中華書局、一九七九年
朱金城『白居易集箋校』（全六冊）、上海、上海古籍出版社、一九八八年

唐圭璋主編『全宋詞』、北京、中華書局、一九六五年
入谷仙介・松村昻『禅の語録（十三） 寒山詩』、筑摩書房、一九七〇年
入矢義高訳注『臨済録』、岩波書店（岩波文庫）、一九八九年
中川孝『禅の語録（四） 六祖壇経』、筑摩書房、一九七六年
賾蔵主『古尊宿語録』（全二冊）、蕭萐父・呂有祥点校、北京、中華書局、一九九四年
釈道原『景徳伝灯録』、中文出版社、一九八四年
王宏『山志』、続修四庫全書第一一三六冊、上海、上海古籍出版社、二〇〇二年
張廷玉等『明史』、北京、中華書局、一九七四年
永瑢等『四庫全書総目』（全二冊）、北京、中華書局、一九六五年
王世貞『藝苑卮言』、汲古書院（和刻本漢籍随筆集第十八集）、一九八一年
祝允明『祝氏集略』、嘉靖三十六（一五五七）年刊本
祝允明『祝子罪知録』、四庫全書存目叢書、子部第八十三冊、済南、斉魯書社、一九九五年
王守仁『王陽明全集』（全二冊）、上海、上海古籍出版社、一九九二年
『孟子』、朱熹『四書章句集注』、北京、中華書局、一九八三年
王畿『龍溪王先生全集』、中文出版社（近世漢籍叢刊）、一九七五年
李贄『蔵書』（全二冊）、北京、中華書局、一九五九年
李贄『焚書・続焚書』、北京、中華書局、一九七五年
彭際清『居士伝』、卍続蔵経第一四九冊、台北、新文豊出版股份有限公司、一九七六年
黄宗羲『明儒学案』（修訂本、全二冊）、北京、中華書局、二〇〇八年
銭伯城『袁宏道集箋校』（全三冊）、上海、上海古籍出版社、二〇〇八年
屠隆『鴻苞』、四庫全書存目叢書、子部第八十八、八十九、九十冊、済南、斉魯書社、一九九五年
屠隆『仏法金湯録』、中文出版社（近世漢籍叢刊）、一九八四年
陳継儒『陳眉公先生全集』、台北、国立中央図書館、一九七五年

袁宏道『袁中郎全集』、香港、香港広智書局出版、出版年不明
班固『漢書』(全十二冊)、北京、中華書局、一九六二年
顔茂猷『説鈴』、『雲起集』第五冊、明刊本
『鉄壁慧機語録』巻十八、『嘉興蔵』第二十九冊
廖燕『二十七松堂集』、汲古書院(和刻本漢籍文集第十七輯)、一九七八年

参考文献

松枝茂夫訳『魯迅選集　第五巻　墳』、岩波書店、一九五六年
増井経夫訳『焚書——明代異端の書』、平凡社、一九六九年
後藤基巳編訳「李贄『蔵書』(抄)」、『明末清初政治評論集』、平凡社(中国古典文学大系五七)、一九七一年
柳田聖山『禅思想』、中央公論社(中公新書)、一九七五年
間野潜龍「祝允明の史学」、『明代文化史研究』、同朋舎、一九七九年
荒木見悟『陽明学の開展と仏教』、研文出版、一九八四年
内山知也『明代文人論』、木耳社、一九八六年
譚嗣同『仁学——清末の社会変革論』、西順蔵・坂元ひろ子訳注、岩波書店(岩波文庫)、一九八九年
西順蔵・近藤邦康編訳『章炳麟集——清末の民族革命思想』、岩波書店(岩波文庫)、一九九〇年
荒木見悟『憂国烈火禅——禅僧覚浪道盛のたたかい』、研文出版、二〇〇〇年
廖肇亨「明末清初の詩禅交渉研究序説」、『中国哲学研究』第十七号、二〇〇二年
島田虔次『中国における近代思惟の挫折』(全二冊)、井上進補注、平凡社(東洋文庫)、二〇〇三年
松村昂「祝允明の思想と文学——『祝子罪知録』を中心に」、『明清詩文論考』、汲古書院、二〇〇八年
劉夢溪『中国文化的狂者精神』、北京、三聯書店、二〇一二年

余説

現代に聖人を問う

志野好伸

第一巻『コスモロギア』、第二巻『人ならぬもの』に引き続き、本巻では人のうちでも並外れた存在でコスモスと関わる聖人、真人、そして社会通念から外れた存在としての狂者を扱ってきた。

そもそもなぜ今、中国の聖人なのか。満街の人が聖人であるとする陽明学の立場をとるならともかく、孟子によれば五百年ごとに出現する傑出した聖人を、今この世に求めてもそれは望むべくもない。今から約五百年前に生まれた中江藤樹《なかえとうじゅ》（一六〇八―一六四八）は、近江聖人と呼ばれた。これからも「聖人」と呼称される人は出てくるかもしれない。しかしその場合も、「聖人」のような人という渾名であって、その人がずばり聖人だとは考えられないのではないか。言い換えれば、そのものずばりの聖人は、孔子以後存在しないのではないか。第一章に示したとおり、漢代においてすでに、孔子の死後、聖人たる所以は知ることができず、聖人の行為を模倣して聖人に近づくことしかできないという認識が共有されていた。孟子ですら、聖人＝孔子に次ぐ存在として「亜聖」と呼ばれるにとどまる。孟子以下の人は、聖人らしき人ではあっても、聖人そのものとはみなされないだろう。釈迦と老子と孔子がまとめて三聖人と呼ばれる場合も、あくまで聖人＝孔子が前提としてあり、それに匹敵する人物として釈迦と老子が加えられているのであろう。それほど聖人＝孔子は、東アジア世界にとって決定的な意味を持っていた。カトリックの世界では、尊者・福者・聖人の称号が今なお使われ、二〇一四年にはヨハネ二十三世とヨハネ・パウロ二世が聖人として認定された。これは、孔子以後、聖人になろうとする人はいても、聖人と広く一般に称えられる人物が現れない中国の場合と大きく異なっている。

したがって、現代において聖人を問題にする意味は、一つには、過去の人物である孔子という存在に向き合うことに求められるだろう。聖人像・孔子像が人によって、時代によって、さまざまに異なることは、本巻を通じて論じてきた。その可塑性は、孔子の性格そのものに書き込まれていて、孔子が「聖の時なる者」と定義されていることも総説に述べたとおりである。ヴォルテールは『哲学辞典』の「哲学者」の項で、知を愛し真理を愛する哲学者の代表として、聖賢（sage）孔子を真っ先に取り上げ、孔子を「立法者（législateur）」と形容している。ヴォルテールは、宣教師からの報告に基づき、迷信に囚われることなく、最も優れた行動規範を説いた人として孔子を称揚し、併せて中国の官僚制度を理想化した。こうした孔子評価・中国評価には、古代中国における礼の制作者としての聖人像が綿々と受け継がれているが、それと同時にヴォルテールのキリスト教に対する批判的姿勢も色濃く反映されている。現在、中国では儒教の再評価・再利用が進み、日本では相変わらず『論語』がよく読まれている。その際も、やはり何らかの聖人像・孔子像が形成され、解釈する人の価値観がそこに投影されている。その像が春秋戦国期や漢代の思考とどれほど違うのか、宋明理学の立場とどう違うのかを知ることは、現代に対して批判的な視点を保つためにも有益なことだろう。

聖人を問うことが、孔子という存在を問うことだとして、孔子にどのような性格を付与するかということよりも、さまざまな性格を付与されうる孔子の特徴そのものを問題にする立場がある。可塑性を許容する孔子の包容力、その融通無碍ぶりを問題にする立場である。まずは、孔子の包容力を見事に言い表した中島敦《なかじまあつし》の描写を引用しておきたい。

兎に角、此の人は何処へ持って行っても大丈夫な人だ。潔癖な倫理的な見方からしても大丈夫だし、最も世俗的な意味から云っても大丈夫だ。子路が今迄に会った人間の偉さは、どれも皆その利用価値の中に在った。これこれの役に立つから偉いというに過ぎない。孔子の場合は全然違う。ただ其処に孔子という人間が存在するというだけで充分なのだ。少くとも子路には、そう思えた。（『弟子』）

孔子を哲学者の一人に数え入れるヴォルテールとは対照的に、現代の哲学者・中国研究者フランソワ・ジュリアンは、『聖賢は意なし　哲学の他者（*Un sage est sans idée ou l'autre de la philosophie*）』の中で、『論語』などの資料に基づき、聖人＝孔子を智慧ある人として捉え直し、その智慧を西洋の哲学に対置する。本書『聖と狂』の第一章では、顧頡剛の説にのっとり、古代中国において、「聖」が聡明な人を広く指し、「智」と関係が深いことばであったことを指摘したが、ジュリアンは、聖人にとっての智のあり方を問題にするのである。『論語』子罕篇の「毋意、毋必、毋固、毋我」を、ジュリアンは「(特権的な) 観念も、(あらかじめ定められた) 必然性も、(固定した) 立場も、(独自の) 自我も持たない」と訳し、これを中国の聖賢の特徴としている。こうした聖賢の智慧は説明し尽くされることなく隠されている。隠されているのは、それが神秘的な智慧であるからでもあり、それが常に敷衍されることを求めるからでもある。それゆえ「隠されているものほど明らかなものはない」(『中庸』、「莫見乎隠」)のだ。ジュリアンは、こうした智慧は、哲学未満なのではなく、哲学の他者であり、逆に哲学の特徴、例えば考察対象を限定・固定することで、他の対象を排除する、といった特徴を照射するのだと説く。孔子の具体像がヨーロッパ思想の他者として利用されるのではなく、孔子が具体像を持たないことから、哲学の他者として対置されているのである。

こうした一定の立場に跼蹐することのない聖人＝孔子の性格は、「絶聖棄智」——一九九三年に発見された郭店楚簡本の『老子』では「絶智棄鞭(辯)」に作り、「聖」は批判対象になっていない——を標榜する道家的な聖人像とも通底する。実際ジュリアンは論証にあたって、道家の文献も利用している。本巻第二章は、儒家的な聖人との連続性を前提とし、道家における聖人・真人概念を扱ったものである。

そこで最後に、孔子と切り離して聖人の意義を考える立場について考えてみたい。聖人に付与されてきた具体的な特徴の哲学的な意味を、現代において問い直す立場とでも言えよう。ここで現代人の生とそれを支配する政治の問題を扱うのに、「ホモ・サケル」という概念を提起したジョルジョ・アガンベンの説を参照しよう(『ホモ・サケル——主権権力と剝き出しの生』、高桑和巳訳、以文社、二〇〇三年)。古いローマの法では、ある特定の罪を犯し邪《よこしま》であると判定された人はホモ・サケル(聖なる人間)と呼ばれていた。ローマの古法では、ホモ・サケルを犠牲にすることを禁じると同時に、ホモ・サケルを殺害しても罪に問われないことが定められていた。この法の埒外に置かれた存在こそが、「殺人罪を犯さず、供犠を執行せずに人を殺害することのできる」(邦訳、一二〇頁) 主権のあり方を明らかにしている。聖性とは「剝き出しの生が法的‐政治的次元に含みこまれる原初的形式のこと」(同、一二二頁) なのだ。昨今の内戦から逃れてヨーロッパ中をさまよう移民の問題一つをとっても、アガンベンの議論がきわめて現代的な意義を持つことは言を俟たない。

ホモ・サケルと中国の聖人が社会において占める位置は、対極的である。しかし古代中国の聖人もまた、法の制定者であることで法の境界線上に位置する存在であった。聖人が異形であることは、このマージナルな性格の視覚化にほかならない。聖人はしたがって、常に法の外を参照する存在であり、「例外状態」に対処しうる人物である。聖人による民衆教化が、万物の生成変化を参照し、それと連動していることは、シリーズ第一巻『コスモロギア』、特に第二章「化について」において述べられていた。また、本巻第一章、第二章で述べてきたように、聖人は文明の成立そのものに関わることで、文明の外部に通じていた。第二章で扱った道教における「天の文字」の例は、その典型である。御関心のある方はぜひ、第二章の参考文献にも挙げられていた土屋昌明氏の「唐代道教の文字観――『雲笈七籤』巻七訳注研究」、「霊宝経十二部「本文」の文献的問題から道教の文字説へ」も参照されたい。

第三章で扱った狂者もまた、政治空間から逃れ、文明から逸脱する存在であった。『楚辞』九章「渉江」の中に「接輿髡首兮、桑扈臝行」という句があり、後漢の王逸《おういつ》は、「「接輿」とは、楚の狂接輿のことである。「髡」とは髪を剃ることである。「首」とは頭のことである。接輿はみずから身体に刑をほどこし出仕しなかった。「桑扈《そうこ》」は隠士である。着物を脱いで丸裸になり、夷狄をまねた」と説明している。刑罰の根幹は、罪人の身体を毀傷することであり、それは中華の文明からの追放を意味した（冨谷至『古代中国の刑罰――髑髏が語るもの』、中公新書、一九九五年）。髪を切る、入れ墨をいれるのは、中華の民から夷狄に放逐することであり、手足を切断するのは、さらに禽獣の世界に遺棄することであり、最終的に刑罰は生そのものを奪い取る。本シリーズの題名を借りれば、「人ならぬもの」におとしめていくのである。佯狂とは、みずから罪人の姿をすることで、法の埒外に逃れようとする行為だと言えよう。いわば、すすんでホモ・サケルになる人である。

　禅の狂者は不立文字を掲げ、通常の言語世界とは異なるところに真理を見出そうとした。狂を自負する唐や明の文人は、政治の世界から離れて芸術世界に没頭した。これらはある文明世界を嫌って別の文明世界を呈示しようとするものであるが、その移行に文明の閾への問いかけを読みとることができる。その意味で彼らは、古代の佯狂者の系譜に連なっている。なお、第三章「狂者について」は、廖肇亨氏が資料を含めて内容の概略を示されたものを、志野が文章化したものである。混沌説話ではないが、目鼻をつける行為がもとの構想の豊かさを減殺することになっていないことを願うばかりである。

　聖人を現代に問う意味を出発点に、聖人・真人・狂者がともに文明の境界に関わる存在であることを確認してきた。道家の聖人である老子は、周の政治が衰えたのを見て、『老子道徳経』五千字を残し、関を出たという。本書もここで閉じることとしたい。

索引

ア行

カ行

サ行

タ行

ナ行

ハ行

マ行

ヤ行

ラ行

シリーズ・キーワードで読む中国古典　3
聖と狂
聖人・真人・狂者

2016年3月25日　初版第1刷発行

編　者　志野好伸
著　者　志野好伸・内山直樹・土屋昌明・廖肇亨
発行所　一般財団法人　法政大学出版局
〒102-0071 東京都千代田区富士見2-17-1
電話03(5214)5540／振替00160-6-95814
組版：HUP　印刷：ディグテクノプリント　製本：誠製本
装幀：奥定泰之

ISBN978-4-588-10033-8　Printed in Japan

著　者

志野好伸（しの・よしのぶ）本巻編者

明治大学文学部准教授。専門は中国哲学、中国文学。主な著作・翻訳に「対話しているのは誰か――孫璋『性理真詮』解読」（『中国哲学研究』第28号、2015）、「哲学から人生哲学へ――李石岑を導きとして」（『日本中国学会報』第65集、2013）、アンヌ・チャン『中国思想史』（共訳、知泉書館、2010）、フランソワ・ジュリアン『道徳を基礎づける――孟子vsカント、ルソー、ニーチェ』（共訳、講談社現代新書、2002）、など。

内山直樹（うちやま・なおき）

千葉大学文学部教授。専門は中国哲学・中国古典学。主な著作・翻訳に、「伝記と口説――漢代春秋学への一視点」（『中国文化――研究と教育』71、2013）、「漢代所見序文体例的研究」（柳悦訳、方旭東・曹峰編『日本学者論中国哲学史』、華東師範大学出版社、2010）、余嘉錫『目録学発微――中国文献分類法』（共訳、平凡社、東洋文庫、2013）、余嘉錫『古書通例――中国文献学入門』（共訳、平凡社、東洋文庫、2008）など。

土屋昌明（つちや・まさあき）

専修大学経済学部教授。専門は中国文学。主な著作・翻訳に、『神仙幻想――道教的生活』（春秋社、2002）、『人ならぬもの――鬼・禽獣・石』（共著、法政大学出版局、2015）、『目撃！文化大革命 映画「夜明けの国」を読み解く』（編著、太田出版、2008）、『道教美術の可能性』（共編、勉誠出版、2010）など。

廖肇亨（りょう・ちょうこう）

中央研究院中國文哲研究所研究員。専門は近世東アジア仏教文化史、東アジア文化交流史、禅思想史。主な著作・翻訳に、『忠義菩提――晩明清初空門遺民及其節義論述探析』（台北：中央研究院中国文哲研究所、2013）、『中邊・詩禪・夢戲――明清禪林文化論述的呈現與開展』（台北：允晨出版社、2008）、『東亞文化意象的形塑』（共編、台北：允晨出版社、2011）、荒木見悟『佛教與儒教』（台北：聯經出版公司、2008）など。